JN042715

ちくま新書

変貌する古事記・日本書紀

——いかに読まれ、語られたのか

1486

及川智早
Oikawa Chihaya

変貌する古事記・日本書紀
——いかに読まれ、語られたのか

【目次】

はじめに　007
知られざる統治者／『古事記』『日本書紀』という書物／記紀神話伝承の性格／記紀以降の神話変容

第一部　変容するタヂマモリ　019

第一章　不老不死の探求者　021
絵葉書の人物は何者か／タヂマモリはどこへ派遣されたのか／不老不死の国／「ときじくのかくのこのみ」を取りに行く理由／我が国古文献にみる不老不死／橘とはなにをさすのか

第二章　お菓子の神となった人間　045
乃木大将と双璧？／教科書のタヂマモリ／忠臣であることの強調／タチバナとタヂマモリ／垂仁天皇陵の濠中の小島／お菓子の神として／人が神となる／他にも菓子神候補がいた／菓子博覧会の象徴／タヂマモリ以上の菓子の神の出現／新たなる菓子神創造の意味

第二部　ヤマトタケルとなったヤマトタケ　095

第一章　『古事記』と『日本書紀』の異なる物語　097
現代との接点／錦絵のヤマトタケル／双子で巨人という形容／女装する英雄／二つの異なる物語／ヲグナとは／父との関係性の相違

第二章　選ばれた日本武尊　117
選択されるヤマトタケル像／火打ち石は誰のものか／なぜ「日本」なのか／その名はヤマトタケ

第三章　英雄の利用法　135
病気を鎮圧するヤマトタケル／「草薙ぎ」の剣か「草刈り」の剣か／火打ち石で向火をつけて難を逃れること／病魔を払うものとしてふさわしいのは／スサノヲ神との親近性

第四章　銅像としてのヤマトタケル　161
兼六園に出現した慰霊碑／北陸との関連性／加賀国のヤマトタケル／兄から国人へ／鎮魂・慰霊

の象徴として／白鳥と化すもの／鳥と霊魂
おわりに　187
国定教科書の中で／近代における変容／神話と同質の物語
注　193
あとがき　211

はじめに

†知られざる統治者

十九世紀後半、我が国は徳川幕藩体制より天皇を戴《いただ》く薩摩・長州を中心とする維新政府による政体に移行した。

これにより、近代社会の到来と見なしているわけであるが、従来の武家政権から天皇政権への移行ということは、古代社会への先祖返りとも逆行ともいうべきものであった。

古代において我が国を統一した大和朝廷の最高位に君臨した天皇であったが、乙巳の変以降の藤原氏の台頭、さらに平安期における摂関政治を経て、平安後期からの武士階級への実質的な政権移行から、江戸期における徳川幕府による長期安定政権後において、その知名度は、一部の知識階級の尊皇論者や天皇の居住する京都周辺の人々を除いて著しく低下していたのであり、明治維新政府が発足した後もほとんど変化のない状況であった。

それは、維新政府が国是《こくぜ》（基本的方針）として慶応四（一八六八）年に発布した五箇条誓《ごかじょうせい》文《もん》と同日に告諭した宸翰《しんかん》に、

中葉《ちうえふ》朝政衰《おとろへ》てより、武家権《ぶけけん》を専《もつぱら》にし、表《おもて》は朝廷を推尊して、実は敬して是《これ》を遠《とほざ》け、億兆の父母として、絶《たへ》て赤子《せきし》の情《じやう》を知ること能《あたは》ざるやふ計《はか》りなし、遂《つひ》に億兆の君たるも、唯名《ただな》のみに成《な》り果《はて》、其《それ》が為《ため》に今日《こんにち》朝廷の尊重は、古《いにし》へに倍せしが如《ごと》くにて、朝威は倍《ますます》衰《おとろ》へ、上下相離《あひはな》るゝこと霄壌《せうじやう》の如《ごと》し[1]

と、武家政権は朝政を推尊するふりをして、その実、人民の実情を知ることができないように計ったので、ついに名ばかりに成り果てた。そのため、今日朝廷は古に倍するほど尊重されるに至ったが、その威力はますます衰え、天皇と人民との距離は霄壌（天と地）ほどの大きな隔たりがあるとした如くである。

明治二年二月に太政官が奥羽地方の人々に諭示した「奥羽人民告諭」には、

天子様《てんしさま》ハ、天照皇太神宮様《てんしょうこうだいじんぐうさま》の御子孫《ごしそん》様にて、此世《このよ》の始《はじめ》より日本《にほん》の主《あるじ》にましまし、神様《かみさま》

の御位正一位《おんくらいしょういちい》など、国々《くにぐに》にあるも、みな天子様より御《おん》ゆるし被遊《あそばされ》候わけにて、誠《まこと》に神《かみ》さまより尊《たつと》く、一尺《いっしゃく》の地《ち》も一人《いちにん》の民《たみ》も、みな、天子様のものにて、日本国《にほんこく》の父母《ちはは》にましませば(2)

とあり、天皇がアマテラス大神の子孫であり、この世のはじめから日本の主人であること、すべての土地と人民は天皇のものであることを告示している。

そして、天子は「日本《にほん》の地《とち》に生《むま》れし人々《ひとびと》は、ひとしく赤子《わがこ》と思召《おぼしめ》され、一人《ひとり》として安堵《あんど》せぬ者《もの》もなく、蝦夷松前《えぞまつまへ》のはてまでも、御撫恤《おんめぐみ》の行届《ゆきとゞ》き候様《やう》にと、日夜《にちや》叡慮《えいりよ》を労《いたませ》られ、ない〳〵有がたき御措置《おんはからい》もあらせられ候事《こと》なれば、諸事《しょじ》仰出《おおせいだ》されに背《そむ》かず、安穏《あんおん》に家業《しょうばい》を出精《しゅつせい》いたし可申《もうすべく》、かへす〳〵もさわぎ立《たち》申まじく事《こと》」と、天皇は日本に生まれた人民を我が子(赤子)と思い、日本国中、その撫恤(めぐみ)が行き届くようにと日夜考えているので、命に背かず、家業に精を出すようにと締めくくっている。

さらに、明治政府は民衆にとって無縁な存在であった新しい統治者を周知させるために各地に天皇の行幸や巡幸を行った。(3)

明治六(一八七三)年四月に行われた鎌倉行幸において、保土ヶ谷・戸塚の人々は、

「天子様ノ御通リガアレバトテ以前ノ大名抔《など》ノ御通リト違ヒ御人数モ至テ少ナク且一文ニモナラス路ノ掃除ヲシロノ何ンノト面倒ナル事ノミナレハ天子様ノ御通行ハ甚タ迷惑ナリ」という態度であり、鎌倉に天皇が着いた折、これを拝しようと出てきた住民の数も予想より少なかったということが、太政大臣三条実美の密偵の報告書に述べられている[4]。天皇が身近に存在する京都・近畿圏周辺と東国・奥州とでは、その認知度は自ずから相違があったであろうが、多くの一般民衆にとって天皇は未だ認知されざる支配者であったことを、これらの資料は示している。

よって、明治維新後の新政府が、天皇の国土統治の由来とその正当性を汎く普及させようと躍起になったのは理の当然といえよう。

そのひとつの方策として、天皇が最高神アマテラス大御神の子孫であり、カムヤマトイハレビコが橿原で即位し初代天皇神武となる由来を語る、八世紀初頭に成立した『古事記』(和銅五［七一二］年成立)、『日本書紀』(養老四［七二〇］年成立)などの神話や物語を知らしめることが行われていったわけである。

†『古事記』『日本書紀』という書物

『古事記』は、その序文に、古代最大の争乱である壬申の乱（六七二年）に勝利した天武《てんむ》天皇《てんのう》が、二十八歳の聡明な舎人《とねり》（側近）・稗田阿礼《ひえだのあれ》に命じて作成が開始されたが、天武が朱鳥元（六八六）年に崩じたことにより、その編纂作業は中断し、和銅五（七一二）年、平城京遷都を執行した元明《げんめい》天皇の命令で、生存していた稗田阿礼と太安万侶《おほのやすまろ》によって四ヶ月をかけて新たに作業が行われ、献上されたと述べられる。

『日本書紀』は、『古事記』のように序文を持たず、その成立過程を語るものが存在しない。

唯一、奈良時代の歴史を記した『続日本紀《しょくにほんぎ》』の養老四（七二〇）年五月条に日本紀（三十巻、系図一巻）が修されたとあり、その成立が『古事記』完成の八年後であることが確認できるだけである。

ただ、『日本書紀』天武十（六八一）年三月に、天武天皇が大極殿に皇子や諸臣を集めて「帝紀及び上古の諸事」を記録し、確定させたという記事があり、これが『日本書紀』の編纂作業の開始であろうと考えられる。

つまり、『古事記』『日本書紀』共に、その成立に天武という天皇が関与していると考えられるのだが、両書はきわめて類似する構成をとっている。

はじめに、世界の始まりと日本の国土ならびに神々の生成が語られ、天上世界「高天原《たかあまのはら》」の主宰神アマテラスが、大国主神《おおくにぬしのかみ》の支配する葦原中国《あしはらのなかつくに》（地上）を譲り受け、アマテラス大神の孫ニニギが葦原中国《あしはらのなかつくに》に降臨し、その曾孫が初代の神武《じんむ》天皇となって国土を統治したとされ、その後、歴代天皇の統治の様が語られていく。

初代天皇神武は、日本の最高神（アマテラス大御神）の子孫であり、神々の物語と人の世の物語が断絶せず、一続きのものとして構成されている。天皇が最高神アマテラスの子孫であることを明示するために、神話が両書の巻頭に載録されたということである。

†記紀神話伝承の性格

『古事記』序文には、

朕聞《われき》きたまへらく、諸家の賷《もた》る帝紀《ていき》及び本辞《ほんじ》、既《すで》に正実《まこと》に違《たが》い、多く虚偽《いつはり》を加ふ、といへり。今の時に当《あ》たりて、その失《あやまり》を改めずは、未《いま》だ幾年《いくとせ》をも経《へ》ずしてその旨《むね》滅びなむとす。これすなはち邦家《はうか》の経緯《けいゐ》、王化の鴻基《こうき》なり。故《かれ》これ帝紀を撰録《せんろく》し、旧辞を討覈《たうかく》して、偽《いつは》りを削《けづ》り、実《まこと》を定めて、後葉《のちのよ》に流《つた》へむと欲《おも》ふ、とのりたまひき。

と、諸家の所持している帝紀《ていき》・本辞《ほんじ》（天皇系譜や神話、氏族の古伝承）がすでに多く虚偽を含むものになってしまっているので、今その誤りを正さないと本来の内容が滅びてしまう。これらの伝承は国家を運営する根本であり基本だから、偽りを削り、正しい伝承を定めて後世に伝えようと思うと、その作成理由を記している。

古代社会において、各氏族の伝える神話伝承は、現在の朝廷内での自分たちの地位や権限を保証するものとしてあった。

彼らは、その伝承において、己の氏族の事績・功績を語り、それが承認されることで朝廷内での氏族の存立基盤を確保した。

当然、各氏族はおのれにとって都合のよい伝承を求め、時には改変・作成し、それが多くの虚偽を生じさせることとなったのである。

それを天武天皇が、正しい神話伝承を新たに定めるというとき、それは、他の氏族と同様、古伝承を天皇家にとって正しいと判断されるもの、天皇家に都合の良い伝承に改変するということに外ならない。『古事記』に載る神話は、天武天皇によって変容させられた神話伝承であるということができる。

『日本書紀』は、全三十巻の中で、神話を載せる巻一と巻二だけが他巻とは異なる構成をとっている。本文を割るかたちで、「一書《いっしょ》」という別伝承が差し挟まれるのである。多いところでは十一もの「一書」が附加されている。

これにより、当時、多くの神話伝承が併存していたことがわかるが、その中から『日本書紀』編纂者は、その意図するところにより、本文とするものを選択もしくは改変していったと考えられる。

一書は、奈良末から平安初期に書写されたとされる巻一神代巻の断簡である四天王寺本や佐佐木本が、一書を小書二行で記していることから、『日本書紀』成立当初、本文に註として附されていたものと考えられ[5]、掲載されているにしても、あきらかに、それは本文とは区別されているものである。

近代において、天皇の国土統治の由来とその正統性を語る神典として持ちだされた『古事記』『日本書紀』自体が、既に古代の神話伝承を、天皇の意向に沿って取捨選択し改変したものであることは覚えておいていいだろう。

†記紀以降の神話変容

平安期には、氏族による利益確保のための神話の変容の例を見いだすことができる。大同二（八〇七）年、斎部広成《いむべのひろなり》によって『古語拾遺《こごしゅうい》』という神話・伝説の書物が作成された。斎部氏の「斎」字は、延暦二十二（八〇三）年に改めたもので、元は「忌部」であり、宮廷祭祀の主として祭祀具の製造や神殿・宮殿造営に従事してきた名門氏族であった[6]。その斎部氏と中臣氏で執行していた朝廷祭祀が、この時期中臣氏に集中したため、古伝承（『古事記』と『日本書紀』の記事に斎部氏の伝承を附加したもの）撰上により、古において両氏族の対等であったことを述べて自氏族の地位回復を願ったのである。

これは、斎部という氏族による、『古事記』『日本書紀』神話の改変であり、変容である。氏族の持つ神話伝承は、古代において、現実の自分たちの地位や権力に直結していたのであり、それは後世のように単に楽しむだけのものではなく、語られること、もしくは読まれることによって、共有され、承認されて自氏族を利する力を発揮していったのである。

また、平安初期九世紀後半に、物部氏によって編纂されたと推定されている『先代旧事本紀』という書物も、自氏族の顕彰を意図して『古事記』『日本書紀』『古語拾遺』の神話伝承を改変引用し、そこに独自伝承を附加することによって作成されている(7)。

さらに、巻末に天平三(七三一)年と記すが、その最終的な成立は九、十世紀頃まで降ると考えられる『住吉大社神代記』は、住吉大社の神威の顕彰を目的として、その神主津守氏が『日本書紀』『古事記』を引用もしくは抄録し、そこに独自伝承を附加することで成立している書物である(8)。

そして、中世期における寺社が、『古事記』『日本書紀』を元に、そこにはみられない新たな神話伝承を作成していった、所謂「中世日本紀」と称する運動もその流れの延長線上にあると考えてよいだろう(9)。

天皇が古代のように政権の頂点に返り咲いた近代においても、明治政府の意図に合わせて記・紀の神話伝承は利用・改変がなされていった。

そして、それは支配者だけでなく、被支配者である国民の側も同様であった。自己の利益を追求する中で、権威を有する記紀神話・説話を変容し、利用していったものを、新聞、教科書、雑誌、挿絵、絵画、絵葉書、引札、ポスター、博覧会等のメディアにみることができる。

本書では、それら記紀に載録された古代説話がどのように改変され、変容していったのか、そしてそれは如何なる必然であったのかを跡づけてみたい。

第一部

変容するタヂマモリ

第一章

不老不死の探求者

†絵葉書の人物は何者か

絵葉書（図1－1）には、口ひげと長い顎ひげを生やした人物の像の写真が載せられている。写真だけではよくわからないが、木像のようにみえる。髪型が、古代の男子の髪型と考えられていた「角髪（みづら）」を結っていることから、古代の人物として造型されていることがわかる。[1] その手には丸い実のなった植物の枝のようなものを抱えている。

キャプションには、「精忠乃木大将と古今の双璧　菓子業祖　田道間守公の肖像」とある。

図1-1　タヂマモリの絵葉書

「田道間守」は「タヂマモリ」と読み、日本最古の書物である『古事記』(七一二年成立)や『日本書紀』(七二〇年成立)の天皇物語の登場人物である(「田道間守」は『日本書紀』での表記であり、『古事記』は「多遅摩毛理」と記す)。

『日本書紀』巻六・垂仁天皇条の巻末、九十年春二月庚子朔《かうしのつきたち》(一日)には、

　天皇、田道間守《たぢまもり》に命《みことおほ》せて常世国《とこよのくに》に遣《つかは》し、非時香菓を求めしめたまふ。〈香菓、此には箇倶能未《かくのみ》と云ふ。〉今し橘と謂《い》ふは是なり。

　(〈 〉内は本文を割って附された註部分を指す)

と、垂仁天皇がタヂマモリを常世の国に派遣して、「非時香菓」なるものを捜させたことを記し、つづいて、九十九年秋七月戊午朔《ぼごのつきたち》(一日)に、

　天皇、纏向宮《まきむくのみや》に崩《かむあが》りましぬ。時に年《みとし》百四十歳なり。

冬十二月己卯朔《きぼうのつきたち》壬子《じんし》(十日)に、

菅原伏見陵《すがはらのふしみのみささぎ》に葬《はぶ》りまつる。

と、その九年後、垂仁帝が崩御したことを記す。

そして、その翌年の春三月辛未朔《しんびのつきたち》の壬午《じんご》（十二日）に、

田道間守、常世国《とこよのくに》より至《かへりいた》れり。則《すなは》ち齎《もたら》せる物《もの》は、非時香菓、八竿八縵《やほこやかげ》なり。

と田道間守が常世国から帰還し、持ち帰ったものは「非時香菓」八竿八縵であったとし、

さらに、

田道間守、是《ここ》に泣《いさ》ち悲嘆《なげ》きて曰《まを》さく、「命《おほみこと》を天朝《みかど》に受《うけたまは》りて、遠《とほ》く絶域《ぜつゐき》に往《まか》り、万《ばん》里《り》に波を踏み、遥《はる》かに弱水《じゃくすい》を度《わた》る。是《こ》の常世国は則《すなは》ち神仙《しんせん》の秘区《かくれたるくに》にして、俗《ただひと》の臻《いた》らむ所《ところ》に非《あら》ず。是《ここ》を以《も》ちて、往来《かよ》ふ間《あひだ》に、自《おの》づからに十年《ととせ》を経たり。豈期《あにおも》ひきや、独《ひと》り峻瀾《しゅんらん》を凌《しの》ぎ、更本土《またもとつくに》に向《まゐでこ》むといふことを。然《しか》るを聖帝《せいてい》の神霊《みたまのふゆ》に頼《かがふ》りて、僅《わづか》に還《かへ》り

来《まゐく》ること得《え》たり。今し天皇《すめらみこと》既《すで》に崩《かむあが》りまし、復命《かへりことまを》すこと得ず。臣《やつこ》生《い》けりと雖《いふと》も、亦《また》何《なに》の益《しるし》かあらむ」とまをす。乃《すなは》ち天皇の陵《みさざき》に向《むか》ひて叫哭《おらびな》きて、自《みづか》ら死《まか》れり。群臣《まへつきみたち》、聞《き》きて皆《みな》涙を流す。田道間守は是《これ》三宅連《みやけのむらじ》が始祖《はじめのおや》なり。

と、タヂマモリは泣き、悲嘆して、「命令を受けて遠隔の地に出掛け、万里の波浪を越えて弱水（神仙の住む崑崙山の下にあるという流砂）を渡った。常世国は神仙の秘区（隠れ棲むところ）であり、俗人の行ける場所ではないので、往復する間に十年が経過した。ただひとり峻瀾（高い波頭）を越えて、再度本土に戻ることができるとは思わなかったが、聖帝の加護によりかろうじて帰ってくることができた。今天皇は既に崩じ、帰着の復命をすることもできない。私が生きていても何の甲斐があろう」と言って、天皇の御陵に向かって叫び泣いて自ら死んだ。群臣はこれを聞いて皆涙を流した。田道間守は三宅連の始祖であるとする。

帰還したにもかかわらず、天皇の崩に間に合わなかったので、天皇の陵の前で自殺したというのだ(2)。

『古事記』もほぼ同様の譚を記すが、『古事記』はタヂマモリが持ち帰ったものを、「登岐《とき》志玖《じく》能《の》迦《か》玖《く》能《の》木実《このみ》」と表記しており、そこから、書紀の「非時香菓」の「非時」が「ときじく」と訓むべきことが類推できる。

我が国最古の歌集である『万葉集』は、八世紀半ばに大伴家持によって編纂されたとされるが、その家持が、国守として赴いた越中（富山県）で天平感宝元（七四九）年の閏《うるう》五月二十三日に詠じた「橘歌一首」（巻十八・四一一一番歌）にも、

かけまくも　あやに恐《かしこ》し　天皇《すめろき》の　神の大御世《おほみよ》に　田道間守　常世に渡り　八矛《やほこ》持
ち　参《ま》ゐ出来《でこ》し時　時士久能《ときじくの》　香久乃菓子《かくのこのみ》を　恐くも　残したまへれ　国も狭《せ》に　生《お》
ひ立ち栄え　春されば　孫枝《ひこえ》萌《も》いつつ　……橘の　なれるその実は　ひた照りに　い
や見が欲《ほ》しく　み雪降る　冬に至れば　霜置けども　その葉も枯れず　常磐《ときは》なす　い
やさかばえに　然《しか》れこそ　神の御世より　宜《よろ》しなへ　この橘を　等伎自久能《ときじくの》　可久能《かくの》
木実《このみ》等《と》　名付けけらしも(3)

と、田道間守が「時じくの香久乃菓子《かくのこのみ》」を常世から持ち帰ったことが記されており、この譚が八世紀半ばの大和朝廷内の人々に、広く知られたものであることがわかる。

さらに、『日本書紀』には、垂仁天皇三年三月条に、新羅の王子・天日槍《あめのひほこ》が来朝したことが記され、その最後に、「故《かれ》、天日槍、但馬国《たぢまのくに》の出島《いづし》の人太耳《ふとみみ》が女《むすめ》麻多烏《またを》を娶り、但馬《たぢま》諸助《もろすく》を生む。諸助、但馬日楢杵《たぢまひならき》を生む。日楢杵、清彦《きよひこ》を生む。清彦、田道間守を生むといふ」と系譜が載せられ、その最後にタヂマモリが記される。

『古事記』においても、中巻応神天皇条に、

　また、昔、新羅《しらぎ》の国主《こにきし》の子ありき。名は天之日矛《あめのひほこ》と謂《い》ひき。この人参《まゐ》渡り来つ。

…ここに天之日矛、その妻の遁《に》げしことを聞きて、すなはち追ひ渡り来て、難波《なには》に至らむとせし間《あひだ》、その渡《わたり》の神、塞《さ》へて入れざりき。故《かれ》、更《さら》に還《かへ》りて多遅摩国《たぢまのくに》に泊《は》てき。すなはちその国に留まりて多遅摩の俣尾《またを》の女《むすめ》、名は前津見《さきつみ》を娶《めと》りて、生める子、多遅《たぢ》摩母呂須玖《まもろすく》。この子、多遅摩斐泥《たぢまひね》。この子、多遅摩比那良岐《たぢまひならき》。この子、多遅摩毛理《たぢまもり》。


とあり、記・紀共にタヂマモリが、新羅からやってきた天日矛という人物の裔であることが語られている。

つまり、このタヂマモリ説話には、渡来人の、それも古代において当時我が国と敵対し

ていた朝鮮半島の国・新羅の王族の血を引くものが、天皇への忠誠を示す譚という側面もあるということだ。(4)

†タヂマモリはどこへ派遣されたのか

タヂマモリが赴いた常世国とは、どのようなところと考えられていたのだろうか。『日本書紀』神代巻（巻一）第八段・一書六には、

初《はじ》め大己貴神《おほあなむちのかみ》の神の国を平《ことむ》けたまふに、出雲国《いづものくに》の五十狭狭《いささ》の小汀《をはま》に行《ゆ》き至《いた》りまして、且当《まさ》に飲食《みをし》したまはむとしき。是の時に、海上《うみのうへ》に忽《たちまち》に人《ひと》の声《こゑ》有り。乃《すなは》ち驚《おどろ》きて求《もと》むるに、都《かつ》て見《み》ゆる無《な》し。頃時《しばらく》ありて、一箇《ひとり》の小男《をぐな》有《あ》り、白蘞《かがみ》の皮《かは》を以《も》ちて舟《ふね》に為《つく》り、鷦鷯《さざき》の羽《は》を以ちて衣《ころも》に為り、潮水《うしほ》の随《まにま》に以ちて浮《うか》び至《いた》る。

と海から小さな神「少彦名《すくなひこな》」が出来したことを述べる。

また、オホナムチとスクナヒコが協力して天下を治め、人間（顕見蒼生《うつしきあをひとくさ》）と家畜のために、病気の治療法を定め、鳥獣・昆虫の災害を払い除くために呪《まじな》いの方法を定めたこと

を記した後には、

其の後《のち》に、少名彦名命、熊野《くまの》の御碕《みさき》に行《ゆ》き至《いた》り、遂《つひ》に常世郷《とこよのくに》に適《ゆ》きます。亦曰《いは》く、淡島《あはのしま》に至りて、粟《あは》の茎《くき》に縁《のぼ》りしかば、弾《はじ》かれ渡りまして、常世郷に至りますといふ。

と、スクナヒコナが常世国に行ってしまったともある。

また、『古事記』上巻にも、兄弟を追い払って葦原中国（地上）を支配した大国主神《おほくにぬしのかみ》が出雲の御大《みほ》の御前《みさき》にいると、「波の穂より天《あめ》の羅摩船《かがみふね》に乗りて鵞の皮を内剝《うつは》ぎに剝《は》ぎて衣服《きもの》にして、帰《よ》り来る神ありき」と、海から神がやってきたが、その神を誰も知らず、タニグク（ヒキガエル）が「クエビコ（カカシ）が必ず知っている」と述べたので、クエビコに問うと、この神はカミムスヒ神の子の「少名毘古那《すくなびこな》」であると答えた。そこで、カミムスヒに尋ねると、「こは、實《まこと》に我が子ぞ。子の中に、我が手俣《たなまた》より漏《く》きし子ぞ。故《かれ》、汝《いまし》葦原色許男《あしはらしこを》と兄弟《あにおと》となりて、その国を作り堅《かた》めよ」といった。そこで、大穴牟遅（大国主神）とスクナビコナは国を作り堅めたが、その後に、スクナビコナ神は、常世国に渡った、とされる。

このことから、スクナヒコナという神が常世国に属しており、タヂマモリ説話でもそうだったように、常世国は海の彼方にあると考えられていたことがわかる。

スクナヒコナという神は、記・紀共にカガミの船に乗ってやってきたとあるが、カガミとは、ガガイモのことで山野に自生し、夏、風鈴のような花を付け、葉の間に三、四寸の莢を結び、それが熟すと割れて船の形に似るとされる。(5) また、記・紀共にスクナヒコナは親神(『古事記』ではカミムスヒ、『日本書紀』ではタカミムスヒ)の手の指の間からこぼれ落ちた子だとされていて、これらはスクナヒコナ神がとても小さな神であることを示すための説話要素である。

さらに、『日本書紀』では、スクナヒコナを「小男」とし、はじめ、声はするが小さすぎて姿を確認できなかった、スクナヒコナは粟の茎に登り、弾かれて常世国に行ったとする。

つまり、記・紀両書ともスクナヒコナが小さい神であることを強調するが、これはスクナヒコナが穀霊、具体的には植物の種を象徴する神として考えられていたことを示し、それが常世の国からもたらされたという思想の存在を示している。

『古事記』において、スクナヒコナの正体を現す行為に関連した、タニグク(ヒキガエル)

やクエビコ（カカシ）が農耕に関連するものであることも注意すべきだろう。常世国は我が国に豊饒をもたらす国であった。

†不老不死の国

さらに、常世国は中国の神仙思想の影響で不老不死の国とも考えられてきた。神仙思想とは、いろいろの手段を用い、不老長生の仙人になろうとすることである。先述した垂仁紀に、「是《こ》の常世国は則《すなは》ち神仙《しんせん》の秘区《かくれたるくに》にして、俗《ただひと》の臻《いた》らむ所《ところ》に非《あら》ず」とあり、タヂマモリは万里の波浪を越えて、神仙の住む崑崙山の下にあるという「弱水（流砂）」を渡って常世国に至ったとも記していて、我が国の常世国が神仙思想によって脚色・解釈されている状況がうかがえる。

『万葉集』巻第四・六五〇番歌には、

我妹《わぎも》子《こ》は　常世国《とこよのくに》（原文も「常世国」と表記）に　住みけらし　昔見しより　をちましにけり（あなたはきっと常世国にすんでいたらしい　昔見たときよりも　いちだんと若返られた）

とあり、常世国にいると年をとらない、もしくは若返るのだと考えられていたことが知れる。

また、『万葉集』巻第九・一七四〇番歌「水江浦嶋子を詠む一首」では、

……海神《わたつみ》の　神の娘子《をとめ》に　たまさかに　い漕ぎ向かひ　相《あひ》とぶらひ　言《こと》成りしかば
かき結び　常世《とこよ》（原文は「常代」と表記）に至り　海神の　神の宮の　内のへの　妙《たへ》
なる殿《との》に　携《たづさ》はり　二人《ふたり》入り居《ゐ》て　老《お》いもせず　死にもせずして　永《なが》き世《よ》に　ありけ
るものを

と、古代の浦島伝説にまつわる歌において、浦嶋子は常世に行ったとされていて、その常世国では老いもせず、死ぬこともなく永遠に生きられるとされている。(6)

さらに、『日本書紀』皇極《こうぎょく》天皇三年秋七月条には、東国《あづまのくに》の不尽河《ふじのかは》の辺《ほとり》の大生部多《おほふべのおほ》が虫を祭ることを勧《すす》めて、「これは常世神《とこよのかみ》で、この神を祭ると富と長寿をもたらす」と言った。巫覡（シャマン）たちは偽って神託して、「常世神を祭れば、貧しい人は富み、老人は若

返る」と言った。人々は常世虫《とこよのむし》を取って、清座《しきゐ》（神聖な座）において、歌い舞い福を求め珍宝を捨てた。しかし、まったく益はなく、葛野《かづの》の秦造《はだのみやつこ》河勝《かはかつ》が大生部多《おほふべのおほ》を悪《にく》んで討ったとする。

ここでも「常世の虫」を祀ることで長寿・若返り（そして富も）がもたらされるという考えが記される。

また、この説話には「此《こ》の虫は、常《つね》に橘樹《たちばなのき》に生《な》り、或《ある》いは曼椒《ほそき》（山椒のこと）に生る」とあり、タヂマモリが将来した「ときじくのかくの木の実」は今の橘であるという説明とも関連するような、常世と橘の強い結びつきが示されている。

また、『萬葉集』（巻十八・四〇六三）でも、「常世物《とこよもの》　この橘の　いや照りに　わご大君は　今も見る如《ごと》」と、橘のことを「常世物」と称している。八世紀の我が国では、橘は常世国に生えていた植物と考えられていたことがわかる。

†「ときじくのかくのこのみ」を取りに行く理由

なぜ、垂仁天皇はタヂマモリを常世国に派遣したのだろうか。

それについては、この命令が発せられた時期が問題になる。垂仁帝は、この命令の後

（書紀では九年後）、崩じてしまうのである。天皇は死期が迫っていたからこそ、わざわざタヂマモリを海の彼方の理想郷へ派遣しなければならなかったのではないか。

つまり天皇が、タヂマモリを常世国に派遣した理由は、不老不死の獲得にあったのではないだろうか。

常世国は古代人の永遠不変の理想郷であったのだから、そこに繁茂する果実を食することで、不老不死になれるという観念が存在してもおかしくない。

このような不老不死の霊能を有する食物の譚は、世界各地にみられるものだ。

十三世紀アイスランドの歴史家・詩人のスノリ・ストルルソン（一一七八～一二四一）の詩学入門書『エッダ』中の、ゲルマン神話の概観を記した「ギュルヴィたぶらかし」には、

イズンは、神々が年をとったとき、食べなくてはならぬ林檎《りんご》を梣《とねりこ》の箱に仕舞っている。それを食べれば、神々はみな若返って、神々の終末《ラグナレク》まで年をとらないでおられるのだ。(7)

と、食べると若返り、年をとらないというイズンの林檎の話がある。

また、僧・玄奘三蔵《げんじょうさんぞう》が孫悟空《そんごくう》・猪八戒《ちょはっかい》・沙悟浄《さごじょう》の三人の従者を連れて天竺へ経《きょう》を取りに行くという、中国、明代に作成された『西遊記』の物語はご存知だろう。そこに、花果山頂の石から生まれた猿の孫悟空は、天宮の蟠桃園の管理を仰せつかるが、そこで栽培されていた桃を勝手に、思うぞんぶん食べてしまうというくだりがある。

その桃は女神・西王母のみずから栽培したものであり、「手前の千二百株は、花も実も小さく、三千年に一度熟しますが、これを食べると仙人となって、からだはすこやかに身は軽くなります。中の千二百株は、花が八重に咲いて実は甘く、六千年に一度みのりますが、これを食べますと、かすみに乗って飛昇し、不老長生することができます。奥の千二百株は、紫の斑点があって、核《さね》が小さく、九千年に一度熟して、これを食べますと、天地日月と寿《よわい》を同じくいたします」(8)と述べられる。

古来、中国では、桃に魔除けの力能があるとされたが、この西王母の仙桃は食べて長生するものとして描かれる。

†我が国古文献にみる不老不死

室町期に作成された『太平記』巻第十三「法花二句の偈《げ》の事」には、周の穆王《ぼくおう》に寵愛されていた慈童《じどう》が、王の枕を飛び越えて罪を問われ、遠流されて深山幽谷の底に捨てられるが、王に授けられた普門品《ふもんぼん》の偈《げ》（仏の教えをほめ讃えた言葉）を菊の下葉に書き付ける。その後、「この菊の葉に置ける露わづかに落ちて、流るる水、皆天の甘露《かんろ》の霊薬とぞなりにける。慈童渇《かつ》に臨んでこれを飲むに、水の味はなはだ甘くして、百味の珍に過ぎたり。……これのみならず、この谷水末を汲んで呑みける民、三百余家、皆病《やまひ》速やかに消滅して、不老不死の上寿《じやうじゆ》を保てり。その儘《まま》時代推《お》し遷《うつ》つて、八百余年まで、かの慈童はなほ少年の皃《かたち》にて衰老《すいらう》の粧《よそほひ》なかりけるこそ不思議なれ」[9]と、偈の書かれた菊の葉の露を飲んだ少年が、少年の姿のまま八百年生きたことを述べており、この譚は謡曲「菊慈童」などにもみられるものだ。

さらに、徳川家康に仕えた儒者・林道春（羅山）の『本朝神社考』には、

余が先考嘗《かつ》て語つて曰く、伝へ聞く、若狭《わかさ》国に白比《しろび》丘尼《くに》と号するものあり。其の父

一旦山に入り異人に遇ふ。与《とも》に倶《とも》に一処に至る。殆ど一天地にして別世界なり。其の人一物を与《あた》へて曰く、是れ人魚なり。之を食ふときは年を延べ老いずと。父携へて家に帰る。其の女子迎へ歓んで衣帯を取る。因て人魚を袖裏に得て、乃ち之を食ふ。女子寿四百餘歳、所謂白比丘尼是なり。(10)

と「人魚の肉」を食したことにより不死になった若狭の白比丘尼の譚が載るが、十八世紀末に、京都の俳人百井《ももい》塘雨《とうう》が諸国を遍歴し、奇談を記録した『笈埃《きゆうあい》随筆』の「八百比丘尼」にも、

この事古老の語りしは、此国今浜の洲崎村に、いづくともなく漁者にひとしき人来り住めり。人をして招きあるじ儲す。食を調る所を見ければ、人の頭したる魚をさく。怪みて一座の友に咡《ささや》き合ふさまして帰る。一人その魚の物したるを袖にして帰り、棚の端に置て忘れけり。其妻常のつとならんと取て食しけり。二三日経て、夫問に、しかじかの事いふに、驚き怪みけり。妻いふ、初め食する時味《あぢは》ひ甘露のごとくなりしが、食終りて身体とろけ死して夢のごとし。久しくして覚て気骨健かに、目は遠きに委《くは》し

く、耳に密に聞、胸中明鏡のごとしと云。顔色殊に麗し。其後、世散じて、夫を始め類族皆悉く生死を免かれずして、七世の孫も又老たり。かの妻ひとり海仙となり。心の欲する処に随ひ、山水に遊行し、若狭の小浜に至りしとぞ。(11)

と人魚を食した女が、七世の孫が老いても、ひとり長生したとある。

また、元禄五(一六九二)年刊行の仮名草紙『狗張子《いぬはりこ》』(浅井了意作)によれば、

むかし常陸房海尊とかや、源の九郎義経奥州衣川高館の役に、一族類従みなほろびけるに、海尊一人は軍勢の中をのがれて、ふじ山にのぼりて身をかくし、食にうえてせんかたのなかりしに、浅間大ぼさつに帰依して、守りをいのりしに、岩の洞より飴のごとくなる物わき出たるを、なめて心むるに、味はひ甘露のごとし、是をとりて食するに飢をいやし、をのづから身もすくやかに心よくなり、朝には日の精を吸て霞にこもり、つゐに仙人となり、折ふしはふもとにくだり、里人に逢てはそのちからをたすけ、人のたすかる事今にをよびて、世にかくれてありといふ(12)

と、富士山の岩から湧き出た飴のようなものを食べたため不老不死になったという源義経の家臣・常陸坊海尊の話等がみられる。

死は現在のところ、すべてのものに平等に訪れる現象である。どんなに富と権力を有した最高権力者であっても死を免れることはできない。

つまり、死は人間にとって不可避の最重要問題であったから、死をなんらかの方法によって回避しようという話が、全世界に多くみられるのも至極当然のことといえる。とくに王がその権力と富とをつかって不死を獲得しようとする譚は多い。

中国の『史記』や『漢書』等には、秦の始皇帝が、徐福《じょふく》という方士に命じて、東方海上の三神山（蓬萊・方丈・瀛洲）に不老不死の霊薬を求めさせたが、結局手に入れることができずに死んでしまうという、神仙思想に彩られた「徐福伝説」と呼ばれるものが載せられている。

そして日本のタヂマモリ説話も、徐福伝説と同様の、王が不死を求めるが、叶うことなく死んでしまうというパターンの説話としてあることがわかる。(13)

不老不死の属性を有するものを飲食することにより、それを獲得しようとする譚があり、その食べ物が、日本のタヂマモリ説話においては、「ときじくのかくの木の実」というものとされたのだ。図1-1の絵葉書の像の手に抱えられているものも、常世の国から持ち帰った「ときじくのかくの木の実」であろう。

『古事記』には「登岐士玖能迦玖能木実」、『日本書紀』には「非時香菓」と表記されているが、「ときじく」とは、『日本書紀』に「非時」と記されているように、時間に左右されず不変に存在することであり、「かく」とは、『日本書紀』に「香」と表記され、これだと「香りのよい」意であるが、「かく」は、「輝く」で光り輝いているという意だともされている。

†橘とはなにをさすのか

そして、『古事記』『日本書紀』は共に、「ときじくのかくの木の実」を今の「橘《たちばな》」である、と述べている。

「橘」は『続日本紀《しよくにほんぎ》』天平八年十一月条に、「橘は菓子《くだもの》の長上《ちやうしやう》にして、人の好む所《ところ》なり。柯《えだ》は、霜雪《さうせつ》を凌《しの》ぎて繁茂《しげ》り、葉《は》は寒暑《かんしよ》を経《へ》て彫《しぼ》まず。珠玉《しゆぎよく》と共《とも》に光《ひかり》に競《きほ》ひ、金《くがね》銀《しろがね》に交《まじ》りて逾《いよいよ》美《うるは》し」(14)と記され、『万葉集』にも、「橘は　実さへ花さへ　其の葉さへ　枝《え》に霜《しも》ふれど　いや常葉《とこは》の樹」(巻六・一〇〇九)とあって、当時、果物の最上のもので、冬の霜や雪にも負けず常に繁茂し、寒暑にも強く、宝石の玉のように光り輝き、金銀に混じってすばらしいものとされている。

橘が、寒暑に強く常に繁っている植物であったので、永遠不変の常世国に生えるとされた「ときじくのかくの木の実」とされたのだろう。

しかし、ここで注意しなければならないことがある。この橘という植物が、何を指しているのかということだ。

現代の我々が目にする橘は、「ミカン科の常緑低木。近畿地方以西の山地に生える日本で数少ないミカン科の自生種で、観賞用に栽培される。……果実は秋に黄熟し、扁球形で径二〜三センチメートル。実は酸味が強く苦いので食用にはならない」(15)というものだろう。

しかし、奈良時代の歴史を記す『続日本紀《しょくにほんぎ》』では、橘は菓子《くだもの》の最上のものとされており、そうすると、これが食用のものであることを指しているのはあきらかだ。

さらに、養老二(七一八)年以前成立と推定されている古代の地誌『常陸国風土記《ひたちのくにふどき》』にも、「前《さき》に郡《こほり》を置ける所にして、多く橘を蒔《う》ゑて、その実味《みうま》し」(16)(香島郡)ともあり、橘は食して美味であるものと述べられる。

つまり、現在我々が知る、小さくすっぱくて食用にならない橘と、古代の美味なる橘とは、異なったものではないかと考えざるを得ない。

歴史学者の関根真隆は、古代の橘が今日の何に相当するか厳密には明らかではないが、要するに柑橘類の一種であったことは間違いないとし、橘は、弥生遺跡より出土する植物性遺片にタチバナらしき例はみられないので、元来我が国には蕃殖していなかったらしいと述べる(17)。

それが、我が国でも栽培されるようになったことは、先述した『常陸国風土記』の橘の例などに見ることができる。『続日本紀』に、橘が珠玉や金銀と同等のすばらしいものとされたのも、これが我が国自生のものではなく、海外からわざわざ海を越えてもたらされた希少な果物であったからだろう。

そして橘が、外来種の植物であったため、海の彼方の常世の国に生えている「ときじくのかくの木の実」となったのだろう。

タヂマモリの説話は、橘という食用の古代ミカンを渡来人が我が国に将来した譚と、中国の徐福伝承のように、神仙思想を背景として、権力者が不老不死を求め、それを可能にするものを海の彼方に探索させるが叶わなかったという譚を、合体させたところに編み出された物語ではないだろうか。

外来種である食用の古代ミカン・橘のルーツを海の彼方の理想郷である常世国に求め、それを不老不死を獲得するための食べもの、「ときじくのかくの木の実」と称して説話が作成されたのではないかと考えられるのだ。

＊　＊

以上のように、タヂマモリのときじくのかくの木の実探求譚の説話内容の分析を行ってきたが、次章からは、『古事記』『日本書紀』という古代の書冊に載せられた、この不老不死をもたらす果実の将来説話がその後、近代においてどのように受容され、そして新たな意味を付与されていったのかを探ってみたい。

†乃木大将と双璧？

もう一度、図1-1の絵葉書を見ていただきたい。そのキャプションには、タヂマモリは「精忠乃木大将と古今の双璧」と述べられていた。

「乃木大将」とは乃木《のぎ》希典《まれすけ》（一八四九～一九一二）のことである。

乃木は日清・日露戦争で武勲を挙げた陸軍大将である。明治天皇の忠臣であり、大正元（一九一二）年九月十三日、天皇大喪当日に、東京赤坂新坂町の自宅で妻静子とともにみずから命を断ち、死後、赤坂の居宅をはじめ、栃木、京都、山口などに乃木神社が建てられた(18)。図1-2の絵葉書には、「（大正元年九月十三日殉死）乃木大将辞世」とあり、大将

図 1-2　乃木大将辞世の絵葉書

の肖像と辞世の句が載せられている。

タヂマモリも、崩じた垂仁天皇の墓前で叫び死んだとあるから、殉死（主の死に際し、従者や妻子が殉《したが》って自殺または殺されること）した天皇の忠臣として「古今の双璧」と称されたわけだろう。

『日本書紀』孝徳天皇・大化二年三月条の詔（葬礼を簡素化する、いわゆる「薄葬令」）には、

> 凡《おほよ》そ人《ひと》死亡《し》ぬる時《とき》に、若《も》しは経《わな》きて自《みづか》ら殉《したが》ひ、或《あ》いは人を絞《くび》りて殉はしめ、……此《かく》の如《ごと》き旧俗《ふるきしわざ》、一《もはら》に皆悉《ことごとく》に断《や》めよ。

と、人の死に際して自分で首をくくったり、人の首を絞めて殉死させることを禁止すると述べており、逆にこのことは、古代において、殉死というものが、禁止されねばならぬほど一般的に行われていたことを示している。

さらに、後世、武士の時代において、従者が主君の死に殉ずることは珍しくはなかったが、江戸期の寛文三（一六六三）年、四代将軍家綱が『武家諸法度』を公布するに際し、口達として殉死を禁止する旨を命じ、実際に禁を犯したものを処罰したので、この風習は

ほぼ絶えたという。[19]

江戸末期、文久三（一八六三）年に発行された読本作者の高井蘭山編『江戸大節用海内蔵』中の「大日本年代記」の「人皇第十二　景行天皇」条には、

> 垂仁帝《すいにんてい》常世《とこよ》の国《くに》にありといふ非時《ひじ》の香菓《かうくわ》〈トキシクノカグノミ〉を求《もと》めんと田道間《たぢのま》守《もり》をつかはさる　今年《ことし》帰朝《きてう》なすのところ　万里《ばんり》の絶域《ぜついき》たるにより　往来《わうらい》の間《あひだ》十年《とせ》を経《へ》たり　帰《かへ》るに及《およ》びて　天皇《てんわう》の崩《ほう》に遭《あ》ふ　因《よつ》て復命《ふくめい》することを得《え》ざるを憂《うれ》へ　陵《みささき》に至《いた》りて自殺《じさつ》す
> 嗚呼《ああ》一個《いつこ》の忠臣《ちうしん》なるかな[20]

と、書紀のタヂマモリ記事のダイジェストを載せる。

そこに描かれたタヂマモリの装束は（図1－3）、烏帽子を被り、明らかに後世の姿で描かれ、天皇の陵は小さな塚であり、その前には墓石が描かれていて、現在の我々が想像する古代天皇の権力の象徴としての巨大な古墳とは異なったイメージであることにも、注意すべきだが、そこでは「嗚呼《ああ》一個《いつこ》の忠臣《ちうしん》なるかな」と、天皇に復命することができなか

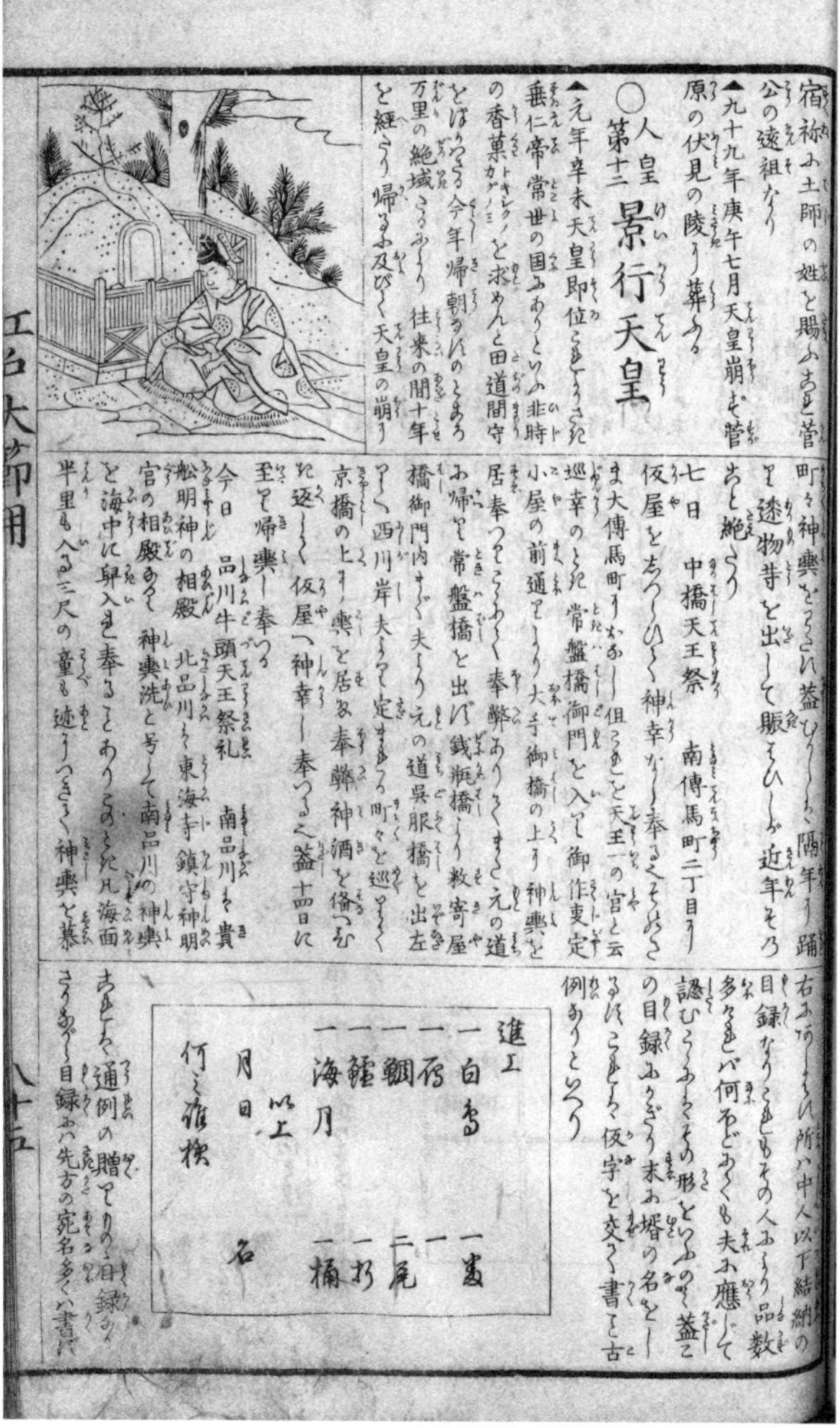
宿祢に土師の姓を賜ふなど菅
公の遠祖なり
▲九十九年庚午七月天皇崩ず菅
原の伏見の陵に葬る
○人皇第十二 景行天皇
▲元年辛未天皇即位ましますさきに
垂仁帝常世の国にありといふ非時
の香菓《トキジクノカクノコノミ》をもとめんと田道間守
をつかはさる今年帰朝ありけるところ
万里の絶域なりければ往来の間十年
を経たり帰るに及びて天皇の崩り

町々神輿をわたされ甚にぎはしく隔年に踊
り遠物等を出して賑ひしが近年それ
など絶たり
七日 中橋天王祭 南傳馬町二丁目に
仮屋をかまへて神幸なし奉るゆゑその
まま大傳馬町にておなじ但しこれを天王一の宮と云
巡幸のときは常盤橋御門を入て御作事定
小屋の前通より大手御橋の上にて神輿を
居奉りてしばらく奉幣ありてすぐに元の道
に帰て常盤橋を出で銭瓶橋より数寄屋
橋御門内まで夫より元の道呉服橋を出左
へ西川岸夫より定まりたる町々を巡りて
京橋の上にて輿を居え奉幣神酒を備へて
又それより仮屋へ神幸し奉る也 十四日に
至て帰輿し奉る
今日 品川牛頭天王祭礼 南品川を貴
船明神の相殿 北品川を東海寺鎮守神明
宮の相殿とす 神輿洗と号して南品川の神輿
を海中に舁入れ奉ることありこのとき凡海面
半里も入る三尺の童も跡につきて神輿を慕

右にしるされし所は中人以下結納の
目録なりこれもその人によりて品数
多きは何ほどなりとも夫に應じて
認むべきなりその形をかへ其品ごとに
の目録にかぎらず末に婿の名を書
するはこれまで仮字を交へて書く古
例なりといへり

進上
一 白髪 一 台
一 昆布 一 台
一 鯛 二 尾
一 鰹 一 折
一 海月 一 桶
以上
月日 名
何之誰様

なほまた通例の贈ものの目録なれば
さまざまの目録には先方の宛名多くは書ぬ

江戸大節用 八十五

図 1-3 『江戸大節用海内蔵』のタヂマモリ

ったことを憂えて、天皇の陵で自殺する行為を讃美しており、天皇の後を追って殉死するという行為が、幕末の尊皇思想の高まりとともに、肯定を伴って語られる事例を既にみることができる。

さらに、図1-1の絵葉書には、「はる〳〵と　かくのこのみをきみかため　もたらしましし　まことかくはし」ともあり、はるばると「ときじくのかくの木の実」を君（垂仁天皇）のために、常世の国から持ってきたタヂマモリの「まこと（天皇への忠義）」は「ときじくのかくの木の実」のようにかぐわしい（すばらしい、かがやかしい）ものだ、とその天皇への忠義を強調した「うた」も載せられる[21]。

絵葉書に語られるタヂマモリと乃木大将、このはるかな古代と近代を、瞬時になんのためらいもなく結びつけてしまう有り様が、明治維新による近代化といいながらも、政治形態は天皇制というすこぶるつきの古代制度への回帰となってしまった、日本の近代の風景をよくあらわしているともいえるだろう。

†教科書のタヂマモリ

戦時中、第三期国定唱歌教科書として発行された『初等科音楽　一』（昭和十七年二月）

の十三番には、

一　かをりも高いたちばなを、
積んだお船が今帰る。
君の仰せをかしこみて、
万里の海をまっしぐら、
今帰る、田道間守。

二　おはさぬ君のみささぎに、
泣いて帰らぬまごころよ。
遠い国から積んできた
花たちばなの香とともに、
名はかをる、田道間守、田道間守。

というタヂマモリ説話を題材にした教材が掲げられている。

明治十二年に明治政府より発せられた「教学聖旨」中の「小学条目二件」条に、

其《その》幼少ノ始ニ、其脳髄《そののうずい》ニ感覚セシメテ培養スルニ非《あらざ》レバ、他ノ物事、已《すで》ニ耳ニ入リ、先入主トナル時ハ、後、奈何《いかん》トモ為《な》ス可《べ》カラズ。故ニ、当世、小学校ニ絵図ノ設《もう》ケアルニ準ジ、古今ノ忠臣、義士、孝子、節婦ノ画像・写真ヲ掲ゲ、幼年生入校ノ始ニ、先《ま》ヅ此《この》画像ヲ示シ、其《その》行事ノ概略ヲ説諭《せつゆ》シ、忠孝ノ大義ヲ、第一ニ脳髄ニ感覚セシメンコトヲ要ス。然《しか》ル後ニ、諸物ノ名状ヲ知ラシムレバ、後来、忠孝ノ性ニ養成シ、博物ノ学ニ於《おい》テ、本末ヲ誤ルコト無カルベシ(22)

と、仁義忠孝の心を刷り込むためには、幼少のはじめに、まだ他の物事が耳に入らないうちに始めるべきであり、小学校に用意してある古今の忠臣などの絵図(画像・写真)を掲げて教え諭す必要があると述べられていて、これは読み書きのおぼつかないものにおいては、視覚による教育が有効であり、その効果が期待できると考えられたということだが、それは聴覚に訴える教育方法も同様であり、唱歌にも同様の教育効果が期待されたのであろう。

私の母は昭和十年生まれだが、数年前、たまたまタヂマモリ説話のことを調べていることを話題にしたとき、その人物は知っている、習ったことがあると述べて、節を付けてタヂマモリ、タヂマモリと歌ってくれたのにはとても驚いた。七十数年後になっても彼女の記憶の中にはタヂマモリはしっかりと定着しているのだ。聴覚に訴える教育方法はあきらかに効果があったといえる。

†忠臣であることの強調

この教科書は、昭和十七年という戦時中に発行されたものなので、巻頭に「君が代」、「天長節」、「勅語奉答」と続き、他にも「紀元節」、「軍犬利根」、「潜水艦」、「軍旗」、「三勇士」など、これまでの国定教科書の唱歌より軍国色の強いものになっている（さらに、この教科書には「天の岩屋」と題する曲も載っている）。

タヂマモリ説話を題材として作成された「歌」が教科書に登場したのも、やはり天皇に忠義をつくす臣下として、天皇のためには自分の命を捧げることもいとわない恰好の例として子どもの心に刷り込みを行おうとしたものであろう。

それは、同じく昭和十七年の九月翻刻発行の『初等科國語　二』の教師用書の「教材の趣旨」において、

田道間守は文化の功労者といふこともできるが、この時期の児童にさうした方面は理会さるべきでない。本教材の精神は、彼の無二の誠忠にある。勅命を奉じて遠く外域にさまよふこと十年、遂に、使命を果して帰国することを得た彼が、たまたま天皇崩御のことを承つて、そのもたらすところを御陵前に捧げ、「常世国のときじくのかくのこのみを持ち参上りてさもらふ」と慟哭しつつ、そのまま泣き死んでしまつたといふ至純な誠心にある。

とあることからも了解できる。

タヂマモリが「ときじくのかくのこのみ」を持ち帰った「文化の功労者」であることよりも、天皇陵の前で泣き死んだ「無二の誠忠」、「至純な誠心」が、教科書に採用された趣旨であると述べられているのだ。

さらに、つづけて、

しかも新羅人の子孫である田道間守にこの事があつたといふことは、われわれの感動をいつそう深くするとともに、かうした帰化人の子孫をして、全く真の日本人になりきらせてしまふ皇国のありがたき姿に、感激を禁じ得ないものがある。さうして、それは巻三「君が代少年」とも対照して、昔も今も変わらない姿であり、八紘為宇の大業の具現として深く考へさせられるものである。

ともあり、タヂマモリが新羅人の子孫であることに意義を見出している。

『日本書紀』は、先述したように、垂仁天皇三年三月条に、新羅の王子・天日槍《あめのひほこ》が来朝したことを記し、その註に、「故《かれ》、天日槍、但馬国の出島《いづし》の人太耳《ふとみみ》が女《むすめ》麻《ま》多《た》烏《を》を娶り、但馬《たぢま》諸助《もろすく》を生む。諸助、但馬《たぢま》日《ひ》楢杵《ならき》を生む。日楢杵、清彦《きよひこ》を生む。清彦、田道間守を生むといふ」と系譜を記し、タヂマモリで締めくくっていた。

そして、天日矛の来朝理由を、「僕《やつこ》は新羅国主《しらきのこにきし》の子《こ》なり。然《しか》るに、日本国《やまとのくに》に聖皇《ひじりのきみ》有すと聞《うけたまは》り、則ち己《おの》が国を以《も》ちて弟知古《ちこ》に授《さづ》けて化帰《まゐけ》りとまをす」と、日本の天皇（聖皇）を慕ってのことだとしており、この後に記される、ときじくのかくの木の実将来説話におけるタヂマモリの行為も、その延長線上に作成されているといえる。

つまり、『日本書紀』のタヂマモリ説話は、天日槍渡来譚から一貫して天皇への渡来人の深い忠誠を示す物語として作成されているのである。[23]

韓国併合後の植民地の人々のあり得べき姿として『古事記』『日本書紀』に載るタヂマモリの説話は恰好の教材であった。それを利用して、子どもに刷り込みを行おうとしたのである。

†タチバナとタヂマモリ

歌詞では、一番で天皇の命令を畏《かしこ》んで、「万里の海をまっしぐら」に、香りの高い「たちばな」をタヂマモリが持ってきたことを記し、二番ではすでに崩じた天皇の陵で泣いて死んだ「まごころ」によって、タヂマモリが賞賛されたことを記す。

一番の歌詞では、タヂマモリの将来したものは香りの高い「たちばな」としていて、記・紀の「ときじくのかくの（この）み」とはされていない。歌詞として字数の制限があるのかも知れないが、常世国の「ときじくのかくの（この）み」という名称が採用されなかったのは何故だろうか。

それは、「タヂマモリ」という名称の音にたいして、「タチバナ」という音が類似しているためであろう。歌にとって、音の類似による連想は重要である。

江戸期の五十音順の国語辞書である谷川士清《たにがわことすが》編『倭訓栞《わくんのしをり》』の「たちばな」の項が、

田道間守か絶域より採来りたる事日本紀に見えたりよて田道花といふにや(24)

と述べ、国学者・本居宣長が『古事記伝』で、

和名抄に、橘和名太知波奈《タチバナ》とあり、此名は、将来《モチテキ》つる人の名に因て、多遅麻花《タヂマバナ》と云なるべし(25)

と述べるように、植物の橘（たちばな）という名称はそれを持ち帰ったタヂマモリの名に由来するという考えがすでに存在していた。

タヂマモリの「タヂマ」という名称により、「ときじくのかくの木の実（非時香菓）」が、後に「タチバナ」となったというのである。

我が国に、海外より古ミカンがもたらされたとして、その名称をそれを持ってきた特定の人物の名称で呼称するということがあるのだろうか。

逆に、現実に存在するタチバナ（古ミカン）という渡来の植物が、我が国にもたらされたという物語を作成する際に、そのタチバナという音に類似したタヂマを冠する名称を持つ主人公を作り出した、もしくは、元々存在したタヂマモリという名称のものを持ってきて採用した、というほうが無理がないようにも思われる。

事の正否はともかく、唱歌に限っていえば、そこには明らかに音の類似からの連想がみられ、歌詞が、「たちばな」、「たぢまもり」というように、類音の繰り返しを考慮して作成された、と考えてよいだろう。

†垂仁天皇陵の濠中の小島

『日本書紀』には、垂仁帝を九十九年冬十二月己卯朔壬子（十日）に、「菅原伏見陵に葬りまつる」とあり、『古事記』には「御陵は、菅原の御立野の中に在り」とするが、現在、垂仁天皇陵は、宮内庁によって、奈良県奈良市尼ヶ辻西町の宝来山古墳に比定されている。

実際に現地に足を運ぶと、この巨大な古墳の、広く水をたたえた濠《ほり》の中に小島が位置し

図1-4　垂仁天皇陵とタヂマモリの墓とされる島

ているのを見ることができる（図1-4）。

これについて、現在、この小島をタヂマモリの墓だと述べる書冊が数多くあるが、垂仁帝の陵のそばにタヂマモリの墓を作ったとする説話要素は『古事記』『日本書紀』にはみられないものだ。

この記・紀からの変容は、『日本書紀』の注釈書で、鎌倉期に著された『釋《しゃく》日本紀』所収の「天書」の説話を元として考え出されたものだろう。

十三世紀末、神道家卜部兼方によって撰述された『釋日本紀』には、田道間守が常世国より至るという項目があり、そこで「天書」という書物を引用するが、そこには、景行天皇二年春三月に「丹馬物果」が帰り、陵を拝して、匍匐し、啼泣して死んだ。景行はその忠を哀れみ、陵辺に葬することを命じた、とある。(26)「丹馬物果」はタヂマモリのことだろうが、景行帝が死んだタヂマモリを哀れんで、垂仁陵の辺に葬らせたという記・紀にはみられない要素が附加されている。「天書」という書物は、その逸文が(27)『長寛勘文』や『釋日本紀』にみられ、平安時代の院政期を下らない頃の成立とされるが、近世になってそれらを含むかたちで制作された十巻の写本が存在し、明治三十一年には、佐伯有義編纂の『神道叢書』に翻刻されて収載されている。(28)

考古学者の今尾文昭は、「これは江戸時代の山陵絵図はもちろん、精緻な「御陵図」上（明治十二年山陵絵図）にも描かれていない。東南部の周濠は、明治期に溜池灌漑機能を高めるために外堤を削平して拡張されたものとみられ、「田道間守墓」は本来の外堤箇所に新たに設けられたものだろう」[29]と、タヂマモリの墓は明治期に新たにつくられたものとしている。さらに、新たにタヂマモリの墓が造成されたのは、『廟陵記』などに記述された、周濠の南側部分の、普段は水中に没しており、渇水時にあらわれたらしい「橘諸兄公ノ塚」という存在がその前提として考えられるとする。[30]

古くは、タヂマモリではなく、橘諸兄の塚というものがあったとするのだ。橘諸兄（六八四〜七五七）は、奈良朝の皇親政治家である。

先述した『万葉集』に載る「橘歌」（巻一八・四一一一）は、タヂマモリがもたらした「ときじくのかくの木の実」である橘が、冬になっても枯れない不変の植物であることへの讃美を詠み込んだものだったが、この「橘歌」については、作者である大伴家持を引き立ててくれる恩人の左大臣・橘諸兄が約二ケ月前の四月十五日に、臣下として最高位の正一位を授けられたことの祝意をこめて作成されたものとする国文学者・橋本達雄の見解[31]がある。橘諸兄の顕彰のために、橘というものがすばらしいことを述べ、そこにタヂマモリの事績が引用されているのだ。

そうすると、なぜ諸兄の塚があるとされたかは不明だが、その古墳が垂仁陵として比定された後、橘諸兄の「橘」からの連想と「天書」などにタヂマモリを陵辺に葬したという説話から、そこに、橘を常世国から持ち帰ったタヂマモリの墓が新たに構想され、作成されていったということがあったのかも知れない。

明治三十七年発行の『はな橘』(32)というタブロイド判の冊子には、「田道間守の墓」という紀行文が載っており、当時の状況が垣間見える。そこには、

(垂仁天皇)御陵の東南にあたりて、壕《ほり》は大ひに廣《ひろ》まり、其幅《そのはば》一町あまりにも突き出て、居る中央の処に、僅に水面上五尺餘も現はれて居る些やかなる土饅頭を見ることが出来る、これが我等一行の目的とする処の田道の間守の墳墓である、六尺にも満たぬ柳樹一株が唯一の目標となつて居る、曾《かつ》て御陵番をなせしことある村の旧家の主人に会ひて聞くに、この頃は日和続きて田の水が欠乏致しましたから、其筋へ御願をして引水の御許を得ましたが、昨日今日は四尺あまりも減しられて居るでせう、田道の間守の塚も、今日御覧の時は明かに御目に止まつたでせうが、常水の節には全部かく

れてしまつて、僅かに柳の樹が残るばかりです、水分が多い故か、松や其他色々の樹を植江つけて見ましたが、どれも〳〵枯れて終まつて、二年前の柳が現在猶生きて居るやうな次第です、塚も年々に洗ひ減されて、土盛をしたことが幾度であるか覚江ない程で、

とあり、当時の現地の村の旧家の主人の言として、タヂマモリの墓と称する小島は、濠の水面に少々顔を出しているだけで、増水すると水面下に没し、植えられた柳の木だけがみえるばかりで、何度も土盛りを重ねているとある。さらに、

たしか二十年程も前のことでしよう、御陵の監督が今の様に行き届かなかつた頃は、御壕の魚も漁り次第、舟を浮べて御陵の山に上るも一向に御とがめもない頃でした、池の中にあのやうな者があると目障りで邪魔であるからして、取毀はしてしまうではないかと相談が持ち上りましたか、あれは一体何であるかゞ判らない位い、せめては古墳であるといふことを知って居るものがありましたならば、こうも無分別の話も出なかつたでしやうか、碌々調べ立てもせず、愈《いよいよ》実行《じつこう》することゝなりました、さて少

し削り除りました頃、其中より、夥《おびた》だしく朱のやうなものが出ましたから、これではならぬと、早速原のまゝに戻して届出でましたが、これが田道の間守の墓であるといふたとか、始めて村民にしられた位ひ、燈台許暗《とうだいもとくら》しのたとへ、誠に迂闊なことでござります、それ故、旧き書き物なども残つて居る筈なく、又昔よりの言ひ伝へなども少しも聞きませぬ

と、現在垂仁陵に比定されている古墳自体にも庶民の出入りが自由であり、その濠にある小島も取り壊そうとしたことがあったという。

二十年以上前には、つまり明治初期以前には、現地では濠の小島がタヂマモリの墓であるというような伝承などは存在しなかったことがわかる。

それがタヂマモリの墓であるとされるようになったのは、当然のことだが、この古墳が垂仁天皇陵として公の管理が強化された時期以降のことであるだろう。

また、垂仁天皇陵付近の尼ヶ辻にあった奈良県郡山高等女学校の校歌には、

二、夕べにかげは橘の　かぐのこのみを遥々と　君がみためと持ちて越し　人の誠ぞ

しのばるる
三、いにしみ世より伝はれる　忠と孝との二筋を　一つ誠につらぬきて　大御心にそひてまし(33)

などとあり、この濠の小島がタヂマモリの墓であるとの解釈が、地元にも共有されていく過程もうかがえる。

†お菓子の神として

先述した絵葉書（図1-1）のキャプションには「精忠乃木大将と古今の双璧」の後に、「菓子業祖　田道間守公の肖像」とあった。

菓子業の祖とは、菓子業界の祖先神ということである。どうもタヂマモリは近代において「お菓子の神様」として祀りあげられたようなのだ。

山下久四郎著『日本菓子発達史　巻一　上古の倭菓子』（日本菓糖新聞社、昭和三十三年）には、この事情を、明治二十一・二年の頃、京都の菓子界が大いに発展し、京都菓匠会が中心となって、子弟の養成のために、時に応じて競技会を催した。そのおりに、菓子の神様を調べて、祀ろうではないかと云うことになった。この話合いによって、菓子の通人や研究家と相談して、文献をあさって見たが、菓子の元祖と云うようなものは、皆目見当らないので、橘を常世の国から持ち帰った忠臣の田道間守が、『古事記』『日本書紀』にも立派に載って、戸籍がはっきりしているし、但馬国の中島神社祭神に祀られているから、これが適当であろうと云うことに結論ずけ《ママ》られた。……そして、早速、谷口香嶠画伯に、菓子祖神としての神像の揮毫を依頼し、これを掛軸として、会合の際には床の間に掛けて礼拝するようになった。また此の掛軸を写真に撮って、これを菓子の雑誌にも載せた。これが今日流布されている、橘を持った菓祖田道間守の神像の原図である(京都三条・若狭屋藤本辰造氏の話による)。

と述べている。

　このことは、昭和十二年に名古屋で開催された全国菓子飴業者大会の第二次物故功労者慰霊祭において、京都の菓子業者今井清次郎に対して「貴下資性温良風雅ノ道ニ造詣深ク、造次古文書ヲ渉猟セラレシ賜トシテ往事菓祖田道間守公ノ事蹟ヲ発見シ中島神社ノ所在ヲ調査シテ業界ニ其ノ遺徳ヲ周知セシメラレタリ」として感謝状が贈られていることからも確認できる。(34)

さらに、京都に事務所を置いた大日本菓子協会が、明治三十三年十一月から発行した雑誌の名称は、タヂマモリに因んだ『はな橘』であり、(35)その第一号の巻頭に「田道間守像」と題して、ときじくのかくの木の実を抱えた図像が掲げられている。

中島神社は豊岡市三宅にある式内社で祭神は田道間守命、『古事記』に「三宅連等の祖、名は多遅麻毛理」とあり、『日本書紀』には「田道間守、これ三宅連の始祖なり」とあることから、当社は三宅連が祭祀した神社であろうとされ、現在、「菓子の神として全国の業者の信仰を集め、四月十九日（現在は四月第三日曜日）の例祭は橘菓祭《きつか》（菓子祭）とも呼ばれて盛大である」(36)という。

明治四十一年十二月発行の梅田矯菓著『吾妻菓子製法』（須原屋書房）「第一章　菓子の祖神」にも、「我国菓子《くわし》の母《はゝ》は果実《くだもの》にして今の世の菓子の祖神と仰ぐべきは田道間《たのみちのま》守《のかみ》（原文ママ）でありますから菓祖《くわそ》田道間守の事績に就て」とあり、大正五年四月発行の和洋菓子新聞社社長の保坂幸三郎著『日本菓子宝鑑』「総論　我国菓子の祖神」にも、「我国菓子《くわし》の母《ぼ》は果実《くだもの》にして今の世の菓子の祖神と仰ぐべきは田道間守《たのみちのかみ》なり。（原文ママ）」と前者をそのまま引き写したような文章が記されている。

さらに、昭和三年九月発行の東京菓子新聞社社長・三好右京著『菓祖田道間守公』（菓子に関するパンフレット第一輯　東京菓子新聞社）と題する書冊にも、「公を菓祖として崇拝する所以」として、「田道間守（タヂマモリ）公を我国に於ける菓子界の祖神として崇拝するに至つたのは何時頃からのことであるかは判明しないが、公を祭神とする兵庫県出石郡神美村三宅の地に鎮座する郷社中島神社が『延喜式』神名帳に記載されてゐる所謂式内神社の一であれば、今より一千年以前には、既に神社として祀られたものであるに相違ない」とある。

そして、「公を菓子界の祖神として崇拝する理由」として、第一に、「明治大帝に対する乃木将軍のそれにも比して遜色がないからといふのである」とする。これはタヂマモリを崇拝する理由であって、タヂマモリを「菓子界の祖神」として崇拝する理由にはなっていないが、その第二に、「公の将来したる不老不死の霊菓が橘（タチバナ）であって、その橘は菓子の王であるといふことに基づくのである」とする。

同書には、「橘本王子神社は紀伊国海草郡加茂村大字橘本に在つて、祭神は伊邪那岐伊《いざなきい》邪那美《ざなみ》二尊で、公はその相殿に祀られてゐるのである」とあり、兵庫県の中島神社だけでなく、和歌山の橘本王子神社でも、タヂマモリを祀っていることが記されているが、これだけでは田道間守が菓子の神とされているかはわからない。

しかし、橘本神社では昭和四十年からは菓子祭が開催され、二〇一七年には、全国各地の菓子メーカーから百七十九社、約四百種の和菓子や洋菓子が奉納されたという[37]。

該社は、創建の時期は不明だが、社伝には白河法皇が熊野行幸の折、神社に泊まって歌を詠んだといい、紀州徳川家二代藩主・光貞が屋根を直したという記録を最後に、宮司もいない荒れた宮になり、明治四十（一九〇七）年再建されたという[38]。この明治に再興された社でも、タヂマモリはお菓子の神とされたのだ。

また、中島神社のある但馬の隣国である丹後の郷土史家・永濱宇平の著書『言行三束』（非売品　昭和七年五月）の「菓祖神の由緒考察」には、昭和六年九月二十五日に竹野郡木津村役場の知人である井上正一から封書が到来し、そこには、助役の松本敬治（温泉経営者）が「本村田神山及び賣布神社が、不老不死の香菓と縁故があり、之れが菓子の濫觴であるという史実を述べた印刷物を作るのに、御垂示を受けたいから至急来て貰うやう、君から御頼みして呉れ」との註文があったという。そこで、松本助役を尋ねると、「其の鎮守なる賣布神社が、菓祖神として京阪の製菓業者から崇敬されてゐるのに、却つて地元には、其れを明かにした記述が無いのは甚だ遺憾であるから」とのことで、永濱は神社関係の古文書や所在地木津に関する資料を蒐めて賣布神社の由緒を考察し、パンフレットが作成されたとある。

このように丹後でも、タヂマモリの将来した「ときじくのかくの木の実（非時香菓）」を「菓子の濫觴」であると考えるものがあり、その地元の賣布神社が菓祖神として京阪の製菓業者から崇敬されていると述べられている。

さらに東京菓子新聞社の三好は、昭和十六（一九四一）年に発行したパンフレットで、「田道間守公を菓子の祖神として菓子界に提唱したのは私である。私は今から二十五年前に田道間守公を菓祖としての事歴を研究しつゝ、菓子界にハッキリ呼び懸けたのであるが、私が公を菓祖とするに至つた動機は、明治初年に京都の菓子業界によつて、公を菓祖とすべきであらうとの議が持ち上がつてゐたのと、明治四十年頃から和歌山県人の前山虎之助氏が熾《さか》んに公を菓祖なりと唱導したのに始まるのである。大阪でも奥野正太郎氏の如きは熱烈な信仰家になりきつて居つたのであるから、私が言ひ出しの元祖ではないが、菓子界に向かつて同堂《ママ》と提唱すると同時に大衆に認識づけて行くべく努力したのは私であることを自負している」[39]と、タヂマモリが菓子祖であることを世間に認識させた功績は自分にあると述べている。

†人が神となる

確認しておくが、記・紀の伝承において、タヂマモリは天皇の臣下である「人間」に過ぎない。この伝承が記載されているのも、『古事記』では神武天皇から始まる中巻であり、『日本書紀』でも巻第六・第十一代天皇の垂仁紀であって、神の子孫とされているが、神ではない天皇の治世の物語である。

ただ、人間が神として崇められることは古来、例があった。学問の神として著名な天神さまは、平安期の政治家、菅原道真である。道真は、藤原氏によって左遷され、太宰府でその生を終えるが、その後、平安京には多くの災厄が発生し、それが道真の祟りだと解釈され、神として祀られている。

室町末期の慶長年間には、豊臣秀吉が京都東山に豊国大明神として祀られ、江戸幕府を開いた徳川家康も、東照大権現として日光東照宮などに祀られた[40]。

鎌倉幕府を瓦解させ、建武の新政を行った後醍醐天皇に忠誠を尽くした南河内の武士・

楠公と尊称された楠木正成は延元元（一三三六）年、兵庫の湊川で敗死する。その後、正成は、『太平記』によって物語化されて民間に普及し、忠臣として語り伝えられ人気を博した。幕末になると、尊王を掲げていた志士たちに楠公崇拝が高まり、明治五（一八七二）年、湊川に楠木正成を祭神とした湊川神社が創建された。湊川神社の出現は天皇への忠誠心を高めるうえで、とくに著大な役割を果たしたという(41)。

このように、明治政府により、天皇の忠臣、つまり人を祭神にした別格官幣社という新しい社格が考案されていき、明治七（一八七四）年、乙巳の変で中大兄皇子に協力した藤原鎌足を祀る奈良県の談山神社と、僧道鏡の皇位「簒奪」を阻んだとされる和気清麻呂を祀る京都の護王神社が別格官幣社となった。

明治以降、人を神として祀ることが、日常的に大きく取り上げられていくに至った時代状況があったのである。乃木大将も、やはり死後、乃木神社に祀られた。

このような状況をみれば、天皇のために常世国に赴き、天皇の陵の前で殉死した、つまり忠臣とみることのできるタヂマモリを、菓子の神として祀り上げようとした行為は、それほど違和感のあるものではなかったと考えられる。

†他にも菓子神候補がいた

タヂマモリ以外にも菓子の神は存在する。先述した保坂幸三郎著『日本菓子宝鑑』には、巻末に該書の刊行を祝して多数の広告が載せられているが、その中に「菓子の祖　和泉明神の肖像」として、「一松印　金五円　中廻リ緞子　幅一尺八寸　天地バー仕立　丈六尺五寸　絹本肉筆」、「発行所　幅宝社」などというものが掲載されている。

和泉明神とは、空海が中国から持ち帰った小豆に砂糖を加えてはじめて餡を作った、小倉の里の和三郎（屋号が亀屋和泉）を子孫や同業者が祀ったものだという。(42)

さらに、丙辰製菓時報社長富岡貫一という人物は、「九州菓子新聞」紙上において、菓祖神としては、タヂマモリではなく火乃雷神《ひのいかづちのかみ》を挙げるべきだとする。それは、「火乃雷神は大膳職《だいぜんしょく》に奉斎《ほうさい》さるゝ菓餅所《くわへいしょ》の神であり、大膳職と云《い》へば宮中《きうちう》の膳部《ぜんぶ》を調《ととの》へる役所《やくしょ》で、謂《い》はば國民《こくみん》として當然崇敬《とうぜんすうけい》の中心《ちうしん》とする皇室《くわうしつ》に付属《ふぞく》の調膳所《てうぜんしょ》なるが爲《ため》、此所《こゝ》に斎る而《し》かも菓子《くわし》と最《もつと》も縁由深《江んゆうふか》き菓餅所の斎神《さいじん》、火乃雷神を崇敬するは其業《そのげふ》に鞅《にな》はるものゝ當然《とうぜん》斎き奉《たてまつ》り仕《つか》へ奉《たてまつ》るべきものである」(43)というもので、確かに、十世紀に成立した『延喜式』巻第三十二大膳上には、「菓餅所火雷神一座」とある。(44)

火乃雷神は、火を司る神で、菓子や餅を調理するとき火を使用したので祀られたのであろう。同じく『延喜式』巻第八祝詞に載る「鎮火祭祝詞」では、火の神は「火結神《ほむすびのかみ》(45)」とあり、同『延喜式』巻第九神名上の大和国忍海郡に「葛木坐火雷神社二座(46)」がある。

それに対して、同じく「九州菓子新聞」紙上には、「富岡氏発表の『菓祖神の考證』に就て」と題された記事が載り、「業界二三紙は直ちに其の論拠と主張を異にする事を弁駁するなど本年度の論壇に於ける収穫の一つであった(47)」とし、火乃雷神を菓祖神とするのは、火なくして菓子は成り難いという点に存するが、菓子は甘味料を添加することによって菓子となるのであって、その甘味料は果実に源を置くのであり、「果実は古来種類多しと雖も『果実の主を橘、花の王を桜』とする我国ぶりからして『橘』を移入された田道間守公を祖神とするに聊《いささ》かも不合理とは思はない(48)」と述べる。

しかし、続けて、「けれども田道間守公が唯一無二の菓子の祖神であるといふ程狭量であってはならない。火の雷神も祖神とすることもよい、殊に延喜式に菓餅所祭神として奉祀された顕然たる事実がある以上、否認すべきではない(49)」と火乃雷神も菓祖神として認めている。

タヂマモリをもって菓子祖とすることが、明治期に入って新しく考え出されたものであるが故に、いろいろと反論もあり、他にも菓子神とすべき神がいることが主張されているのである。

†菓子博覧会の象徴

しかし、タヂマモリを菓子の神とする考え方は、先述した三好の言うように菓子業界全体に受け入れられていったようだ。

全国菓子飴大品評会は、明治四十三（一九一〇）年に名古屋で開かれた全国菓子飴展覧会並びに全国菓子飴業者大会の決議に基づき、「汎《ひろ》ク全国各地ノ菓子飴及関係品を蒐集陳列シ斯業ノ研鑽改善ニ資スルヲ以テ目的トス」(50)るため開催されるようになったもので、明治四十四年に第一回を東京、明治四十五年第二回を金沢、大正八年第三回を大阪、大正十年第四回を広島、大正十二年第五回を福岡、大正十五年第六回を京城等と各地の菓子商の主催で全国的に開催された行事である。

その事務報告書によると、第七回全国菓子飴大品評会（主催　岐阜菓子業組合聯合会）は、昭和三（一九二八）年九月十五日から二十八日にかけて岐阜県岐阜市の商品陳列所で開催され、入場者が十一万七百人を数えた。一道三府四十三県・朝鮮・台湾・樺太・支那の一

図1-5　全国菓子飴大品評会のメダル

部からの出品があり、出品総数は五千七百七十六点、それらの出品物は審査され、その優秀なものに賞牌（メダル）が授与されたが、その賞牌の裏面に、ときじくのかくの木の実を持つタヂマモリらしき人物が刻されている（図1-5）。

さらに、同書「協賛会会務報告」の「菓祖神遷座式」には、「昭和三年九月十五日午前十時会場別室に菓祖神の掛軸を奉安し、金神社々司を聘し、遷座式を行ひ、松尾会長、山田理事長、川原協賛会幹事長、各常任理事、事務員一同参拝玉串を捧げ、荘嚴に式を執行せり。同二十六日午前十一時より、中島神社々司大垣豊氏神前へ神饌幣物を供し祝詞を奏せられ、前同様各役員玉串を捧げ、式を行ひたり」とあり、その中にみえる中島神社は、タヂマモリを菓祖神として祀ることを始めた社であり、報告書の写真「祖神祭典」（図1-6）でも、「（菓）祖中島大神」を祀る様子が載せられている（「祖」の上部は幕に遮られてみえないが、「菓」であろう）。

また、先掲の賞牌に刻された図像からしても、ここでの菓祖神と称するものがタヂマモリであることが推定できる。

図1-6　祖神祭典

その十一年後の昭和十四（一九三九）年四月一日から十五日にかけて大分県大分市武勲館で開催された、第十一回全国菓子大博覧会・支那事変臨時改名全国菓子品評会（大分市菓子商業組合主催）は、その非常時局の色彩を反映せしむべく、栄養菓子、軍需菓子、輸出菓子及代用器材の出陳方を勧誘したとする。[51]

昭和十二（一九三七）年七月に起きた盧溝橋事件で日中戦争（支那事変）がはじまり、日本と中国は全面戦争に突入する。翌昭和十三年四月には国家総動員法が公布され、昭和十五（一九四〇）年四月には、米・味噌・醤油・塩・砂糖などに切符制度を実施することが決定され、七月には、「奢侈品等製造販売

制限規則」が出され、街には「贅沢は敵だ」という立て看板がならんだという。(52)

このような状況で、戦前の全国菓子博覧会と称するものは、昭和十四年のこの大会を最後に開催されなくなる。(53)

この大分の事業報告書の巻頭にカラー印刷されて載せられたポスター(図1-7)には、右下の円形の中の部分に、ときじくのかくの木の実を持ったタヂマモリらしき人物が描かれている。

さらに、事業報告書の第一編総説の第一章「我国に於ける菓子の由来と菓業の変遷」に、

玄孫田道間守公の時に至り、天皇の勅命により田道間守公を遠く唐土の国に遣はし、不老不死の霊菓を求めしめらる。乃公は勅をかしこみ唐土に渡り、十ヶ年の星霜を経て漸く非時香菓八竿八縵を求めて帰朝すれば、時既に遅く、天皇御宝寿百四十才《ママ》にして崩御あらせられ、景行天皇の御代なりき。公いたく之を嘆き、先帝の御陵に額《ぬかづ》き、携へ帰りたる非時香菓を献じて慟哭し、終に食を絶ちて殉死せり。景行天皇此由をきこしめされ、その純忠をめで給ひ、命じて先帝の御陵畔に葬らしむ。蓋《けだ》し臣下としては異数の御優遇を賜はりしものと云ふべく、後世公を菓祖神と仰ぐも宜《むべ》なるかな

図 1-7　大分市で開催された全国菓子大博覧会のポスター

と、はっきりと、タヂマモリを「菓祖神」と仰いでいることに言及している。

さらに、「景行天皇此由をきこしめされ、その純忠をめで給ひ」とタヂマモリの天皇への忠誠心に言及し、それによって、景行帝がタヂマモリを垂仁陵の脇に葬したという、記・紀にはみられない新たな説話要素を述べている。これについては、前節「垂仁天皇陵の濠中の小島」で、この要素が中世期から語られはじめ、現在、実際にあるこの小島自体は明治に造られたものだということを述べた。

また、タヂマモリが派遣されたのは「唐土」とし、非時香菓を「不老不死の霊菓」とし、タヂマモリは絶食して死んだとする（書紀では叫び死んだとある）、記・紀から変容した説話要素が載せられる。

同書には、審査員記念品としてタヂマモリの像（図1-8）も載せられている。

さらに、大分市菓子商業組合の附帯事業には、「祖神祭及武勲館慰霊祭」として、

昭和十四年四月一日午後九時より、本館入口正面に奉祀せられたる菓祖神、並にその隣りに設けられたる武勲館の菓業者出身戦没将士の英霊に対《たい》し、祖神祭及慰霊祭を

> 執行す。兵庫県中島神社の大垣宮司、和歌山県橘本神社の前川宮司、遠路の処を御来場親しく祭祀を司られ、須賀会長、武田全聯会長外、各地の業界幹部参拝、祭文慰霊辞の朗読ありて厳粛の裡《うち》に式を閉づ

とあり、中島神社に加えて、和歌山の橘本神社の宮司が、菓祖神祭や菓業者出身戦没将士の慰霊の祭祀を執り行ったことが記される。橘本神社は先述したように明治四十年に再興されたタヂマモリを祀る神社であった(54)。

図1-8　大分の大博覧会の審査員記念品の像

　また、「本館回転　菓祖神像」と題して、数人の子供の像が持ち上げている台上に、ときじくのかくの木の実を持つタヂマモリが鎮座する写真

図1-9　本館回転　菓祖神像

も報告書に載せられている(55)（図1-9）。

前回の昭和十（一九三五）年五月に仙台で開催された第十回全国菓子大博覧会では、

会々場二階南正面に、素朴荘重なる社殿を設《しつら》ひ、菓祖田道間守公を奉安す。昭和十年五月十一日午前八時、全菓博役員及全国業者並に関係業者一同参列、神饌幣物を供へ、渋谷会長菓子大博覧以下、参列者同参拝玉串を捧げ、いと荘重裡に式を執行した(56)

とあり、タヂマモリを菓祖として祭っているが、菓祖神像は言及されていないので、この神像は、今回初めて作成されたのだろう（ただし、第七回と同じく、賞牌（メダル）にはときじくのかくの木の実を持ったタヂマモリが刻されている）。

戦時の、そして次年に神武天皇即位二千六百年を控えた第十一回大分開催の博覧会では、タヂマモリがよりクローズアップされて、取り入れられていることがわかる。

そして、この場合、タヂマモリはお菓子の神様であることはもちろんのこと、天皇の忠臣であったという側面が強調されていることは明白だろう。それこそ、時局的判断が働いているといえる。

†タヂマモリ以上の菓子の神の出現

しかし、事はそう単純にはいかないようで、タヂマモリの菓子の神としての地位を脅かす事態が発生する。

紀元二千六百年の昭和十五年十月二十九日から十一月三日までの六日間、大阪心斎橋大丸百貨店で、「戦時下国策菓子全国品評会」[57]というものが開催される（主催は大阪菓子同業組合並に大阪府菓子工業組合聯合会）。その会誌をみると、「本邦に於ける菓子の起源並に史的管見」とあり、そこでは、「神武天皇御東征の御砌《みぎ》り、宇多の高倉山で戦勝祈願に水なくして飴をお作りになり神に捧げられました」との文章が巻頭にまず載せられ、続けて、「太古時代から焼米、乾食の類が木の実と共に間食に用ひられてゐました。人皇十一代、垂仁天皇の命を受けて田道間守公が海外に使した時、不老不死の「霊菓」と云はれた橘を持ち帰られました。平安朝時代には唐の文化が伝来し、同時に菓子も輸入される一方、我国固有の菓子も進歩し、「チマキ」「青ざし」青麦、豆粉等を用ひて造られました」とあり、菓子のはじめを神武天皇の飴を作ったことから説きはじめ、タヂマモリは、霊菓橘を将来したことは述べられるが、神武天皇に其の地位を譲っているごとくである。

次の「開催主旨」においても、「畏《かしこ》クモ神武天皇御東征ノ砌《みぎり》、水無クシテ飴ヲ造ラレシヨリ此ノ方、実ニ悠久二千六百年、人類文化ノ進歩ト共ニ菓子モ亦順調ナル発展ヲ示シ今ヤ単ナル嗜好品ノ域ヲ脱シテ生活必需品ノ内ニ加ヘラル、ニ至レリ」と、神武天皇こそが、菓子の起源とされているのだ。

『日本書紀』神武天皇即位前紀には、天下に君臨するのに良い土地を求めて、日向から東征してきた神武帝が、倭の菟田《うだ》川の朝原で潔斎し、ウケヒをして神に祈って、

「吾《われ》、今《いま》し八十《やそ》平瓮《ひらか》を以《も》ちて、水無《みづな》しに飴を造らむ。飴成《な》らば、吾必ず鋒刃《つはもの》の威《ゐ》を仮《か》らずして、坐《ゐ》ながらに天下《あめのした》を平《ことむ》けむ」とのたまひ、乃ち飴を造りたまふ。飴即《すなは》ち自《おの》づからに成る。

と、飴を水無しで造ることができるならば、武器の威力を借りずに天下を平定することができようと述べ、「飴」が自然とできあがったという記事を載せる。

ウケヒとは、古代の卜占の一種で、もしAならばBのことがおこるだろうと述べて、Aが確認されれば、将来的にBが保証されるという、将来の行為が達成できるかどうかを事前に占う行為だ。

たしかに、書紀には「飴」という字が用いられているが、ここの「飴」は、「書紀の古訓にタガネ（タガニ）、『姓氏録』左京皇別・小野朝臣の条に「米餅（たがね）搗（つき）」とあるから、タガネは粉に水を加え、掌と指とで握りこね固めたもの（食料や物）をいうのであろう」[58]と、現在「たがね」と訓むのが通説になっていて、その指示するものも、現在の我々が菓子の飴《あめ》と称している嗜好品と同じものであるかどうかはわからない。しかし、そもそもが、書紀の記事の意味するところは、神武帝が飴を使用してウケヒをしたということであり、神武がはじめて飴を作ったわけではない。

また、菓子新聞社社長の三好右京は、昭和十六（一九四一）年発行の前掲書『菓子大祖神としての神武天皇』[59]において、「菓子の大神として神武天皇を推奨したいことを、更に新たに提唱するものである。……神武天皇は御東征のなかばに自ら飴を造らせられたことがあるので、それが、田道間守公より古きこと七百三十五年以前にさかのぼり、而《しか》も、建国の大業を成就あらせられ給ひたる允文允武《いんぶんいんぶ》にまします神武天皇を菓子の大神として尊崇するに至るは、我が菓子界の誇りであり、無上の光栄であると感ずるからである。……私のこの新しい提唱に誤解を招く恐れのあるのは、菓祖田道間守公を菓祖として顧みないかと思はれることである。よつて、注意して置くことは、公はあくまで菓祖として尊崇せねばならない。たゞ、公の上に神武天皇を菓子のおほみをやとして戴くのであるから、田道間守公を菓祖とすれば、神武天皇は菓子の大祖とするわけであつて、なにも爾来の信仰と認識を改めよと主張するのではない。菓子の祖神には田道間守公が厳に存在しているが、尚は其上に神武天皇が菓祖のおほみをやであるぞとの認識を加へれば好いのである。これこそ、私が最初の主唱者である」と、菓祖神タヂマモリを越えた大祖神として初代天皇神武を祭り上げることを述べている。

このような屋上屋を架す主張が考え出された背景は、当然、その時期に求められる。昭和十五（一九四〇）年は、紀元二千六百年にあたり、初代天皇神武が橿原宮で即位してから二千六百年後に当たるとされ、全国各地で奉祝記念行事が執行されていた。そこで、神武紀に「飴」という記述があることから、菓子までもが神武帝の作り出したものとして述べられるに至ったものだ。

菓祖のタヂマモリより偉い大菓祖神を、新たにつくりだそうという試みであり、これは、菓子の祖神を天皇の臣下とされているものから、天皇そのものに、とくに初代天皇神武に結びつけて、菓子神の権威をより高めていこうとした行為であった。

神武天皇は、初代天皇であるが、幕末・近代になって顕彰され、はじめて前面に出てきたともいえる存在であった。それ以前は、天智とその子孫の光仁・桓武天皇以後の天皇だけを直接の先祖として祖先祭祀を行ってきたのである。(60) 近代という時代は、神武天皇の発見とともに始まったともいえる。

そもそも、タヂマモリ自身も明治三十年代以降に菓子の神様となったのだから、このような国を挙げての神武天皇顕彰の動きの前では、さすがのタヂマモリも、後ろに追いやられるかたちになったのも、致し方ないところであろう。

しかし、太平洋戦争敗戦後に復活した全国菓子大博覧会においては、神武天皇については何も触れられず、菓祖神祭のみが執行されていることから(61)、タヂマモリを菓子の神とする考えだけが戦後も継続したことがわかる。タヂマモリは、菓子の神として生き延びたのだといえよう。

新たなる菓子神創造の意味

近代以前にタヂマモリを菓子の神としたものは見られない。そもそもタヂマモリ自身、原典の『古事記』『日本書紀』においては、垂仁天皇の臣下であり、つまりは歴とした人間であり、神ですらないのである。

平安中期の漢和辞書である源順著『倭名類聚抄』には、「唐韻云説文木上曰果〈字或作菓日本紀私記云、古能美、俗云久多毛乃〉地上曰蓏〈……和名久佐久太毛乃〉」(62)（唐韻〈漢字を韻によって分類した中国の書物のこと〉に云う、説文〈中国の最古の字書『説文解字』のこと〉に、木にあるものを「果」〈字は「菓」とも作り、日本紀私記に、木の実（古能美）、俗にくだもの（久多毛乃）と云う〉といい、地にあるものを「蓏《ら》」〈和名はくさくだもの（久佐久太毛乃）〉という）とある。

この辞書では、「果」は、木になっている木の実や「くだもの」を指し、また「菓」とも書き、地上に生えるものを「蓏《ら》」というとある。

つまり、「果」と「菓」を同じものとして区別していない。[63]「果」と「菓」の使い分けがいつ頃よりはじまったのか不明であるが、少なくとも、平安時代までは「果」と「菓」とは通用するものと捉えられていたことがわかる。

現在、我が国では、「果」字は「くだもの」を指し、「菓」字は、間食用の嗜好品である菓子類を指すことになっている。菓子は、近代以前は穀物（米・麦など）を主原料とした和菓子がその主体であった。

さらに、一六〇三年に、日本語を収録してポルトガル語で説明を加えた辞書で、日本イエズス会によって刊行された『日葡辞書《にっぽじしょ》』には、「Quaxi（クワシ）」の説明として「果実、特に食後の果物を言う」[64]とあり、その当時、「Quaxi（クワシ）」つまり、菓子という語が「果実・くだもの」を指す語であったことがわかる。

少なくとも、江戸幕府が開かれた、この時期までは「菓子」は「くだもの」であり、特にそれを食後の果物と断っているということは、これが主食として食されたわけではなく、食後の副食物・デザートであることがうかがえる。

よって、古代のタヂマモリ説話において、「非時香菓」の「菓」は「くだもの」を指すことは明らかであり、嗜好品の菓子ではないことはあたりまえのことだが確認できる。ただ、くだもの類を「水菓子」と称して、果物も間食用の嗜好品として解釈するようになった後は、「ときじくのかくの木の実（非時香菓）」である橘（タチバナは現在の橘ではなく、食用みかんの古代名であるといわれる）を菓子のひとつとみて、それを常世国から持ち帰ったタヂマモリを「菓子の神」として祀ろうとしたのだろう。

書紀の「非時香菓」の「菓」は、『古事記』に「迦玖能木実《かくのこのみ》」ともあるように、木の実・果実を指しているので、現在のいわゆる「菓子」ではないことは、タヂマモリを菓子の神として祀ろうとした発案者にも、百も承知のことであったろうが、和菓子業界を発展させるために、あえて恣意的に結びつけたのだろう。

また、「菓」という漢字が、少なくとも江戸初期までは、果物の意味として通用していたことも知っていたかも知れない。

しかし、それにより、近代以前は忠臣や殉死というキーワードでしか語られなかったタヂマモリ説話に、新たな命が吹き込まれたともいえる。

さらに、タヂマモリ説話が、明治維新を経て、近代に入り菓子の神として見出されていったことにはそれなりの理由が存すると考えられる。
大正九年発行の橘右近・近述『菓子考』には、

今や日本の菓子は一大過渡期に際会して居る。従来長らく茶事薦事の華と誇ってきた京菓子も、現代人の嗜好を満足させる為めには餘り趣味が高尚に過ぎ、形式に流れ、偏傾の嫌があり、而も新たに続々輸入されて来る所の西洋菓子に比較して見ると、大に貧弱であるといわねばならぬ。……即ち目下の状態にては、和洋の両菓は寧ろ反対の立場にあって、互に相反目して居るともいへる。此の過渡期こそ、実に我邦菓子界の危機であると思われるのである。……さて日本菓子の将来を攻究するには、従来の日本菓子の性質を明かにし、その欠点に就ても、能く之を悉知して置かねばならぬ。それが為めには、従来の日本菓子は、如何にして発達して来たかといふ事を明かにして置く必要がある。(65)

と、近代以降、西洋文明の流入で洋菓子が伝わったことにより、我が国の菓子業界は混迷を深めて危機的状態が出来したとあり、その情勢を乗り切ることの方策のひとつとして、自国の伝統の菓子の基盤をみつめなおし、我が国の菓子のルーツを探るという試みがなされていったという。

そこで、日本最古の文献であり、天皇の支配の正統性とその由来を語る『古事記』『日本書紀』に載るタヂマモリの「ときじくのかくの木の実」将来説話を発見していったということだ。つまり、明治維新で返り咲いた天皇の権威を背景として、その源を語る『古事記』『日本書紀』という素材を利用し、新しい意味を付与していったのだ。そこでタヂマモリは日本の菓子業界を守護する神として新たに設定されたのである。

＊　　＊

そもそも説話というものが、受容されたその時々の目的に沿って、いくらも変容し、新たな話として再生されていくものであるということを、このタヂマモリ説話も示している。説話・物語の類の眼目は、いかにそれを耳にし、目にしたものに、興味を喚起させるかである。そのためには、説話自身が受容者の興味・要求に沿って変容していかなければならない。受容者の意向を汲まず、変化せず、固定化した説話は、顧みられることが少なくなり、早晩、説話の死を迎えることになる。

変化は説話の宿命であると言ってもいいだろう。それは、変化がしやすい口承のものに限らない。文字を使用して定着したものでさえ、変化は必然である。説話は受容者の承認がなされてこそ、力を発揮するのだ。

タヂマモリは、天皇の忠臣としての不老不死の探索者であるとともに、甘いお菓子をもたらす神にもなるという、時代や人々の様々な欲求によって多くの変容がなされていった説話の主人公であった。

第二部

ヤマトタケルとなったヤマトタケ

第一章

『古事記』と『日本書紀』の異なる物語

†現代との接点

ヤマトタケルの物語は現代でも、小説やマンガ、アニメーション、映画等の媒体で繰り返し語られている。梅原猛原作で市川猿之助公演のスーパー歌舞伎「ヤマトタケル」や、それをコミック化した山岸凉子の作品（角川書店　一九八七年）などが人気を博した。

『古事記』『日本書紀』に語られるヤマトタケルは、第十二代天皇景行の皇子である。父の命令でまず九州南部のクマソを征討する西征譚が語られ、次に畿内より東方の国々を制圧する東征の旅の途中、近江（滋賀県）の伊吹山の神に敗北して命を落とし、死後、白鳥となって飛び去ったというのが物語の大筋だ。

しかし、実際に原典にあたるならば、記・紀のふたつのヤマトタケル物語は、かなりの相違をもって記述されているのであり、その達成の方向性は必ずしも一致しているとは言い難いことがわかる。

よって、新たにヤマトタケルの物語を語ろうとするものは、まず記・紀どちらの物語を採用するのかの選択を迫られることになる。もしくは、ここは『古事記』、ここは『日本書紀』と記・紀に載せられた物語をつなぎ合わせていく方法もあるだろう。さらに、そこに作成者なりの解釈とあらたな要素の附加がなされる場合もある。当然、それを享受した読者は、そこに、記・紀からは変容した新たなヤマトタケル物語をみることになる。

また、現在、ヤマトタケルに関連する神社は、北は青森県から南は鹿児島県まで全国にみられるという。春日井市・民族考古調査室作製の「ヤマトタケル関係神社一覧」(1)には、該表はすべてを網羅しているものではないと断り、東北地方二十九社、関東地方七十三社、中部地方六十六社、近畿地方十社、中国地方五社、四国地方七社、九州地方十八社の計二百八社もの神社が挙げられている。

これらの神社が、何時頃からヤマトタケルを祀ったのかは不明であるが、古代の伝説の英雄が、現代では神として多くの神社に祀られているという状況もある。

図 2-1　安達吟行画「大日本史略図會　三」のヤマトタケル

†錦絵のヤマトタケル

図2-1は、「明治十八年御届」とある安達吟行画「大日本史略図會　三」と題する小型の版画である。

「大日本史略図會」は、歌川国芳の弟子である月岡（大蘇）芳年の一連のシリーズが有名だが、それとは異なるものだ。(2)

説明に「日本武尊《やまとだけのみこと》女装《じょそう》して巣窟《そうくつ》に入り賊魁《ぞくかい》梟帥《たける》を殺《ころ》し給《たま》ふ」とあるように、ヤマトタケルの西征におけるクマソ征伐を描いている。ヤマトタケルはクマソの首長（『日本書紀』では取石《とろし》鹿文《かや》「亦《また》の名は川上《かはかみ》梟帥《たける》」、『古事記』では「熊曾建《くまそたける》」兄弟二人と異なるが、以下クマソタケルと表記する）に馬乗りになってまさに剣で刺し殺そうとしており、ヤマトタケルの髪は結ばれておらず、うしろにたなびいている。

ヤマトタケルは『古事記』に「倭建命《やまとたけるのみこと》」、『日本書紀』には「日本武尊《やまとたけるのみこと》」と表記されるが、はじめ小碓《をうす》という名前の皇子であり（亦《また》の名を「日本童男《やまとをぐな》」〔紀〕・「倭男具那《やまとをぐな》」〔記〕）、西征の際クマソタケルからその武勇を讃えられ、ヤマトタケルの名を献上されて名告ることになる。[3]

†双子で巨人という形容

『日本書紀』は出生記事に続けて、「其の大碓皇子《おほうすのみこ》・小碓尊《をうすのみこと》は、一日《ひとひ》に同じ胞《え》にして双《ふたご》に生《あ》れます。天皇、異《あや》しびたまひて、則《すなは》ち碓《うす》に誥《たけ》びたまふ。故《かれ》、因《よ》りて其の二王に号《なづ》けて大碓・小碓と曰《まを》す」と大碓・小碓が双子であったこと、それを父景行があやしんで碓《うす》（臼）に向かって雄叫びをしたことが名前の由来であるという、『古事記』にはみられない独自伝承を記す。[4]

さらに『日本書紀』は、ヤマトタケルを、「幼《わか》くして雄略《をを》しき気有《いきま》しまし、壮《をとこざかり》に及《いた》りて容貌魁偉《ようばうくわいゐ》、身長《みたけ》一丈《ひとつゑ》にして力能《よ》く鼎《かなへ》を扛《あ》げたまふ」と、その姿形の魁偉（身体が大きく立派なこと）で、身の丈は一丈（三メートル）もあり、力が強く、重い金属の器も持ち上げてしまうという筋骨隆々の巨人として形容するが、『古事記』はそのような姿形の描写を一つも記さない。

つまり、『日本書紀』は、ヤマトタケルを朝廷の敵を平らげる筋骨隆々な武人として強調し造型したいという欲望を有しているということだ。

女装する英雄

しかし、記・紀両書の西征物語中において、ヤマトタケルはクマソタケルを倒すにあたって「是に日本武尊《やまとたけるのみこと》、髪《かみ》を解《と》き童女《をみな》の姿《すがた》に作《な》りて」（『日本書紀』景行天皇二十七年十二月条）、「ここにその楽《うたげ》の日に臨《な》りて、童女《をみな》の髪の如《ごと》その結《ゆ》はせる御髪を梳《けづ》り垂れ、その姨《をば》の御衣《みそ》御裳《みも》を服《け》して、既に童女の姿になりて、女人の中に交《まじ》り立ちて、その室《むろ》の内《うち》に入りましき」（『古事記』上巻）と、額に結っていた髪をくしけずって童女のように垂らし、叔母のヤマトヒメの御衣《みけし》、御裳《みも》を着て、童女の姿に化けて、つまり「女装」して敵を倒すという説話構成になっている。

歴史画の祖と評される菊池容斎（一七八八〜一八七八）により、明治初年に刊行された

『前賢故実』（十巻　天保七［一八三六］年完成、明治元［一八六八］年発行）という版本は、上代・神武天皇朝から中世・後亀山天皇朝まで五百七十一名の臣下の図像を載せ、略伝を附しているが、ヤマトタケルも載せられている（図2－2）。

　そこでは、天皇が皇子を遣わしクマソタケルを征したときに十六歳であり、女装してひそかに家に入り、魁帥《ひとごのかみ》の川上梟帥《かはかみたける》を刺したことが述べられ、髪を長く垂らして女装をした図像を載せている。数あるヤマトタケルの物語の中で、女装したヤマトタケルを選択して図像化しており、これは女装して敵を殺すという異常な行為に創作意欲を刺激されたのだろう。

　また、図2－3の月岡芳年（一八三九～一八九二）「月百姿」シリーズの「小碓皇子　賊巣の月」も女装したヤマトタケルを描くが、『前賢故実』と比較してみると、クマソタケルの隙をうかがうポーズは左右反転しているが、あきらかにその形姿を模倣して作成されていることがわかる。

　さらに、昭和三年に発行された『尋常小學國史繪圖』[5]「第三　日本武尊」（図2－4）には、「小碓尊《をうすのみこと》川上《かはかみ》のたけるを討《う》ちたまふ」とあり、その解説に「この圖《づ》は尊《みこと》が川上《かはかみ》のたけるのやうすをうかゞひたまふところの御様《おんさま》である。即《すなは》ち劔《つるぎ》を懐《ふところ》にしていらせらるゝりりし

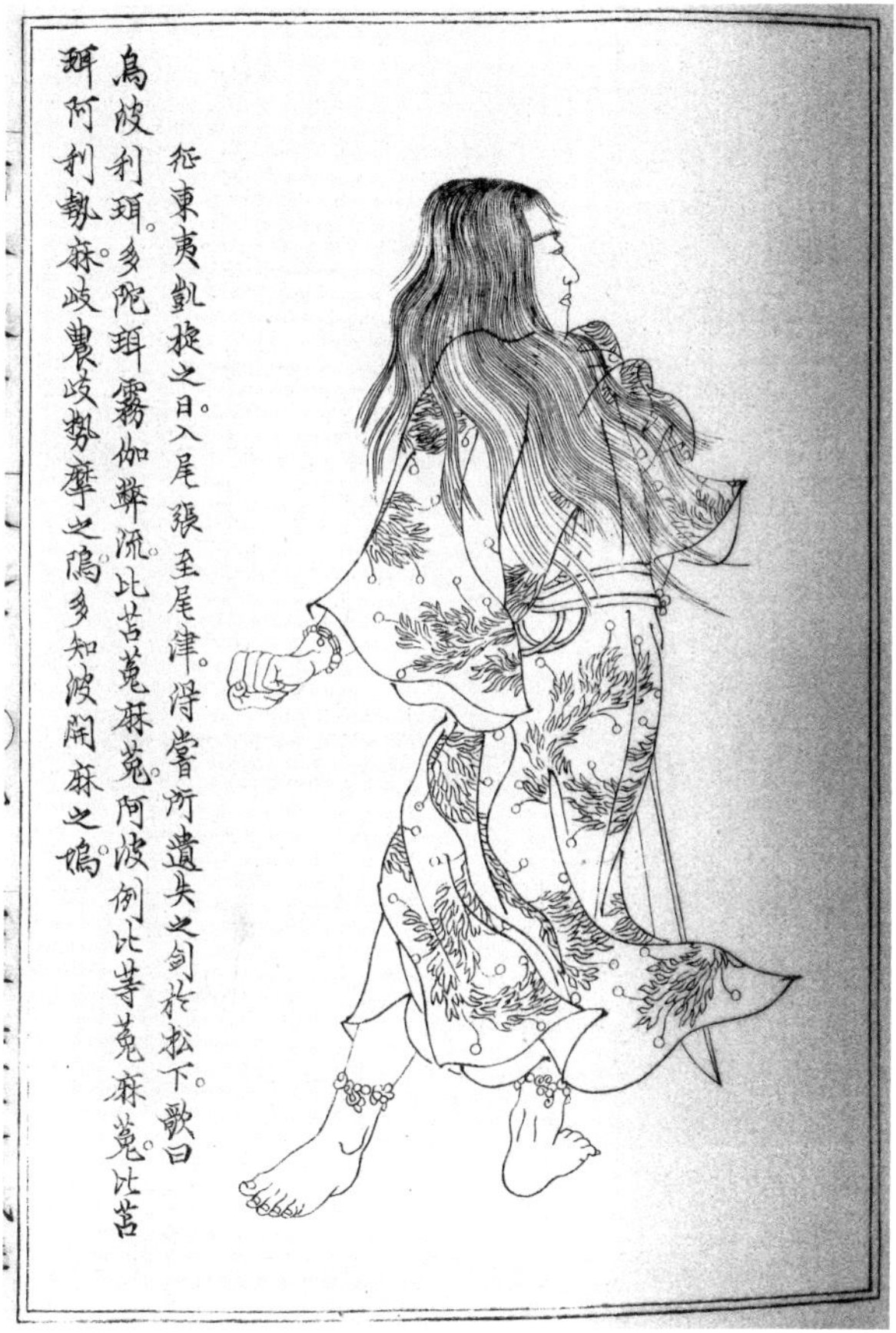

図 2-2　菊池容斎『前賢故実』のヤマトタケル

図 2-3　月岡芳年「月百姿」シリーズのヤマトタケル

図 2-4　『尋常小學國史繪圖』のヤマトタケル

き少女《せうぢよ》のすがたをしてをられるが小碓尊《をうすのみこと》におはします」とある。女装したヤマトタケルがクマソタケルを殺害しようと、右手で懐の剣を握り、垂れ幕の脇から様子をうかがっている場面を図像化している。

図2－1の「大日本史略図會」もまさに、その場面を描いているわけだが、考えてみれば、女装という行為は、『日本書紀』の怪力の大男ヤマトタケルという形容からすればあきらかな説話的矛盾であり、物語上の破綻と言わざるを得ない。

逆に言えば、そのような矛盾を犯してまでも『日本書紀』はヤマトタケルの女装を記さねばならなかったともいえる。これは、ヤマトタケル物語にとって主人公が女装することが必要欠くべからざる重要なモティーフ（話型）であったということなのだろう。

これについては、神話学者の三品彰英が挙げた事例が参考になる。(6)

それによると、古代朝鮮半島にあった新羅《しらぎ》では、上級貴族の十四、五、六歳位の化粧をした美少年を奉斎して若者集団を形成しており、それが国家有事の際、青年戦士団として機能した。その美少年を「花郎」と称し、花郎はその衆徒を率いて戦陣に赴いたとあり、花郎の花は女子の名に使用される美字であり、郎は男子の幼名語尾で女子の娘をつけるのと同類である。されば花郎という名称は女子のごとく粧飾した美少年に与えられたものとしてはふさわしいとする。

また、我が国でも薩摩に昭和初期まで存続した「兵児二世《へこにせ》」という制度は、十四から二十歳で構成される若者集団において「稚児様《ちごさま》」というものを奉じ、集団ごとに文武の錬成を競った。「稚児様」は名門の嫡男で十から十二歳までの美貌の少年をえらび、戦争や行事の折りには振袖を着せ、化粧をさせたという。

このように、戦時にあたって女装をするというモティーフが存在しており、ヤマトタケルの女装には、これまでいわれてきたような単なるだまし討ちのための女装という理由付けだけではない思想・背景を有していることが推測できる。

ウケヒ神話において、高天原《たかまのはら》にのぼってくる弟スサノヲ神に対抗すべく、武装した姉アマテラス大御神が、「すなわち御髪を解きて御角髪《みみづら》に纏《ま》きて」（『古事記』上巻）とミヅラに結うことが述べられるが、ミヅラは髪を左右に分け耳のあたりで輪状に束ね巻いた「男子」の髪型であるので、ここでは有事にあたって女性が男装するということが語られている。これは、『日本書紀』巻一第六段本文にも、天照大神《あまてらすおほみかみ》が、「乃《すなは》ち髪《みかみ》を結《ゆ》ひて髻《みづら》とし、裳《みも》を縛《まつ》ひて袴《はかま》とし」とされ、同第六段一書第一にも、日神が、「大夫《ますらを》の武《たけ》き備《そなへ》を設《ま》けたまひ」と形容されている。

続いて、仲哀《ちゆうあい》天皇の后である神功皇后《じんぐうこうごう》も新羅征服にあたって、「皇后、便《すなは》ち髪を結《ゆ》ひ分《わ》けて髻《みづら》にしたまひ」（『日本書紀』神功皇后摂政前紀夏四月条）と男性の髪型であるミヅラに結っており、神功皇后自身がそれを、「吾、婦女《たをやめ》にして、加以《また》不肖《をさな》し。然《しか》はあれども暫《しまら》く男《ますらを》の貌《すがた》を仮《か》りて、強《あながち》に雄略《ををしきはかりこと》を起《おこ》さむ」（同右）と「男の貌」（男装）と規定している。また、同条の「一云」にも、「則《すなは》ち皇后、男《おのこ》の束装《よそひ》して新羅《しらき》を征《う》ちたまふ」と男装をして戦に臨むという描写がなされている。

これらの例は、ヤマトタケルの女装とは逆の「女性における男装」という行為であるが、本来の性別と逆の格好をして戦に臨むという点で、同一のモティーフの範疇に入るものだ。なぜ、戦にあたって、本来の性別とは逆の「よそほひ（装束）」をするという譚が語られるのだろうか。

これは、本来の性別には含まれない、逆の性別の特性を獲得しようとする行為なのではないか。つまり、ルーマニアの宗教学者ミルチャ・エリアーデが「神の両性という観念」[7]と述べたようなものがここには存在するのではないだろうか。

完全という概念は、つまるところ正反対のものを内包するものであるということだ。つまり、男＋女＝完全、もしくは女＋男＝完成したもの、という観念があり、男女両性の機能を有するものこそが優れているとする思想の表出がみられるのではないか。戦時にあたっては、非日常的な力が必要であると観じられたのではなかったか。

そのように考えると、出雲のヤマタノヲロチを退治するにあたって、「故《かれ》、素戔嗚尊《すさのをのみこと》、立《たちどころ》に奇稲田姫《くしいなだひめ》を化《とりな》して湯津爪櫛《ゆつつまくし》にし、御髻《みみづら》に挿《さ》したまふ」（『日本書紀』巻一第八段本文）、「ここに速須佐之男命《はやすさのをのみこと》、すなはち湯津爪櫛《ゆつつまくし》にその童女《をみな》を取り成《な》して、御角髪《みみづら》に刺《さ》して」（『古事記』上巻）と、スサノヲ神がクシイナダヒメを櫛に変化させて自身のミヅラに挿したというのも、スサノヲ神（男）がクシイナダヒメ（女）の機能を取り込むことにより、八頭八尾の巨蛇ヤマタノヲロチに対抗しようとしたということになる。

†二つの異なる物語

ヤマトタケル物語は、父景行天皇の命令でクマソを討ついわゆる西征物語と、東国を平定するために赴き、その途次で崩じてしまう東征物語とにわかれるが、これらの物語は発端からして『古事記』と『日本書紀』では大きく異なっている。

『日本書紀』は、景行天皇十二年秋七月に、クマソが背いて朝貢を献じなかったため、景行天皇が筑紫《つくし》に行幸し、以後、碩田国《おほきたのくに》（大分県）、日向国《ひむかのくに》（宮崎県）、襲国《そのくに》（鹿児島県曾於郡から大隅半島にかけての国)、火国《ひのくに》(熊本県)、阿蘇国《あそのくに》(熊本県阿蘇郡)、筑紫後国《つくしのみちのしりのくに》(福岡県南部)等を経巡って、土蜘蛛《つちぐも》、熊襲《くまそ》などを平定し、十九年秋九月に大和国に還御したとする。

しかし、二十七年に「秋八月に、熊襲《くまそ》亦反《またそむ》きて、辺境《めぐり》を侵《をか》すこと止《や》まず」と再度クマソは反乱を起こし、「冬十月の丁酉《ていいう》の朔《つきたち》にして己酉《きいう》(十三日)に、日本武尊《やまとたけるのみこと》を遣《つかは》して、熊襲《くまそ》を撃《う》たしめたまふ。時に年《みとし》十六にまします」とあるように、書紀のヤマトタケルは、まずはじめに父親の景行天皇が七年間もかけて西征した後、再度のクマソの反乱に対して派遣される。クマソが反乱を起こしたことがまずあり、それに対処するために派遣されるというきわめて合理的な物語展開となっている。

それに対して『古事記』は、景行天皇が召し上げようとした三野国造《みののくにのみやつこ》の祖大根《おほねの》王の女《むすめ》、兄比売《えひめ》・弟比売《おとひめ》を、ヤマトタケルの兄大碓命《おほうすのみこと》が父から奪った譚を記した後、父景行帝は、朝夕の大御食《おほみけ》(会食)に出てこない大碓を出席させるよう弟小碓命《をうすのみこと》(ヤマトタケル)に命令を下す。しかし、五日経っても大碓命は出席しない。

そこで、天皇は、小碓命に問いただしたところ、「朝曙《あさけ》に厠《かはや》に入りし時、待ち捕へて搤《つか》み批《ひし》ぎて、その枝《えだ》を引き闕《か》きて、薦《こも》に裹《つつ》みて投げ棄《う》てつ」と、兄大碓の手足を引きちぎって惨殺し、屍体を薦に入れて投げ棄てたと答える。

すると、父景行帝は、「ここに天皇、その御子の建《たけ》く荒き情《こころ》を惶《かしこ》みて詔りたまひしく、『西の方に熊曾建《くまそたける》二人あり。これ伏《まつろ》はず礼《ゐや》無き人等《ひとども》なり。故、その人等を取れ』とのりたまひて遣はしき」と西方にいる無礼なクマソタケルを殺せという命令を下すのである。

つまりヤマトタケルの派遣理由が、自分の肉親でも容赦なく殺害する皇子の荒々しい心を恐れた父が、自らの身の危険を回避するために咄嗟に考え出された、きわめて個人的な動機によるものだとされるのである。

そこでは兄惨殺の理由について何も記されない。よって、それによりヤマトタケルの暴力の不合理性が際立つということになる。

†ヲグナとは

さらに、ヤマトタケルのクマソ殺害の描写においても、『日本書紀』が一人のクマソタケル（川上梟帥）を「是に、日本武尊《やまとたけるのみこと》、袍《みそ》の中《なか》の剣《つるぎ》を抽《ぬきいだ》して、川上梟帥《かはかみたける》が胸《むね》を刺《さ》したまふ」とするのに対し、『古事記』は、「故《かれ》、その酣《たけなは》なる時に臨《な》りて、懐《ふところ》より剣を出《いだ》し、熊曾《くまそ》の衣《ころも》の衿《くび》を取りて、剣もちてその胸より刺《さ》し通《とほ》したまひし時」とまず兄の殺害を述べ、たたみかけるように続けて、「その弟建《おとたける》、見畏《みかしこ》みて逃げ出でき。すなはち追ひてその室《むろ》の椅《はし》の本《もと》に至りて、その背皮《そびら》を取りて、剣を尻《しり》より刺し通したまひき」と弟の殺害を述べる。ここで注目すべきは、剣を尻から刺し通し串刺しにするという残虐な殺害描写がなされる点である。

さらに、『古事記』は死に際して名前を献じた弟クマソタケルを、「熟苽《ほぞち》の如《ごと》振《ふ》り折《た》ちて殺したまひき」と述べていて、『日本書紀』が、「言訖《まをすことおは》りて乃《すなは》ち胸《むね》を通《さしとほ》して殺したまふ」と簡潔に述べるのに対して、わざわざ熟した瓜を潰すようにクマソタケルを殺害したと形容するのは、ヤマトタケルの残虐性の強調に他ならないだろう。

先述したように、ヤマトタケルは『古事記』では西征の発端として兄大碓の手足を引きちぎって惨殺し、屍体を薦に入れて投げ棄てるという残虐行為を行っているが、これも『日本書紀』には記されない譚である。

そもそも書紀では兄大碓は殺害されず、その後のヤマトタケルの東征を語る四十年七月条では、東国の乱れを平定する任を恐れて隠れるという行為により、嫡子にもかかわらず、美濃国一国のみを与えられるという説話が記される。

この記・紀の相違については、ヤマトタケルのもう一つの名である「ヤマトヲグナ」と関係があると考えられる。「ヲグナ（童男）」という語は、若い男＝少年という意であるが、『古事記』の物語においてのみ、それ以上の特性が附加されているのだ。

『古事記』に、ヲグナという語は二例のみしかみられないが（『日本書紀』の「童男《をぐな》」の用例はヤマトタケルのみ）、そのもう一人のヲグナは雄略《ゆうりやく》天皇である。

彼もまた、自分の兄である黒比古《くろひこ》を、「すなはち、その衿《ころものくび》を握《と》りて控《ひ》き出して、刀《たち》を抜きて打ち殺したまひき」と殺害し、もう一人の兄白比古《しろひこ》を掘った穴に埋め、そのため白比古は、「腰《こし》を埋《うづ》む時に至りて両《ふた》つの目《め》走《はし》り抜《ぬ》けて死にき」と、目が飛び出して圧死する。つまり、雄略天皇も自分の兄を極めて残虐な方法で殺害したという描写がなされている。

このように、『古事記』は「ヲグナ」という言葉に、人間や社会の規範を逸脱した過剰性を附加しており、これはいうなれば「荒ぶる神」の特性、たとえばスサノヲ神の特性に近いものといえるだろう。(8)

†父との関係性の相違

『古事記』のヤマトタケルはクマソタケルを倒して帰還し、父景行に報告した後、続けて、東方の神とまつろはぬ人々を平定せよとの命を受けて出立する（東征譚）。そして、故《かれ》、命《みこと》を受けて罷《まか》り行《い》でましし時、伊勢の大御神宮《おほみかみのみや》に参入《まゐい》りて、神の朝廷《みかど》を拝《をろが》みて、すなはちその姨倭比売命《をばやまとひめのみこと》に白《まを》したまひけらくは、「天皇既《すで》に吾《あれ》死ねと思ほす所以《ゆゑ》か、何《なに》しかも西の方の悪《あ》しき人等《ひとども》を撃《う》ちに遣《つか》はして、返り参上《まゐのぼ》り来《こ》し間《あひだ》、未《いま》だ幾時《いくだ》も経《あ》らねば、軍衆《いくさびとども》を賜はずて、今更《さら》に東の方、十二道《とをまりふたみち》の悪しき人等《ひとども》を平《ことむ》けに遣はすらむ。これによりて思惟《おも》へば、なほ吾《あれ》既に死ねと思ほしめすなり」とまをしたまひて、患《うれ》ひ泣きて罷《まか》ります時に、倭比売命《やまとひめのみこと》、草薙《くさなぎ》の剣《つるぎ》を賜ひ、また御嚢《みふくろ》を賜ひて、「もし急《とみ》の事あらば、この嚢《ふくろ》の口を解《と》きたまへ」と詔《の》りたまひき。

と、その途次、伊勢神宮を拝し、叔母ヤマトヒメの前で、帰還した途端に軍勢も与えられず、東方へ派遣されたことを思うと、私なんか死んでしまえと父天皇は思っているのだ、と述べて、憂い泣きながら退出する。叔母は草薙剣を授け、嚢を授けて、もし火急なことがあれば、この嚢の口を解きなさいと助言をする、と語られる。

袋には火打石が入っており、その後、焼津で敵の火攻めにあった際、こちらから火打ち石で火をつけて難を逃れることになる。

一方、『日本書紀』は、二十八年に帰還すると、父の天皇はヤマトタケルの功績を褒め讃え、ことのほか愛されたとあり、その十二年後、東夷が反乱を起こした際には、ヤマトタケル自らが進んで出立したとある。そして、四十年十月戊午《ぼご》（七日）条には、

道《みち》を枉《ま》げて、伊勢神宮《いせのかむみや》を拝《をろが》みたまふ。仍《よ》りて倭姫命《やまとひめのみこと》に辞《いとままを》して曰《まを》さく、「今《いま》し、天《すめら》皇《みこと》の命《おほみこと》を被《かがふ》りて、東《ひむがしのかた》に征《ゆ》きて諸《もろもろ》の叛者《そむけるものども》を誅《つみな》はむとす。故《かれ》、辞《いとままを》す」とまをしたまふ。是に倭姫命、草薙剣を取りて、日本武尊に授《さづ》けて曰《のたま》はく、「慎《つつし》みてな怠《おこた》りそ」とのたまふ。

と、ヤマトタケルはヤマトヒメに、天皇の命令で反逆者を誅殺するので暇乞いにやってきたと述べると、それに対してヤマトヒメは、慎重に、決して油断するなと檄を飛ばしたとされる。

明らかにヤマトタケルに対する姨ヤマトヒメの対応が、記・紀では異なっているわけだが、『日本書紀』の、油断するなと叱咤激励するだけのヤマトヒメに対して、『古事記』は、草薙剣に加えて嚢を与え、緊急のことがあれば嚢の口を開けろと助言するヤマトヒメが描

かれており、それによって、父景行帝のヤマトタケルへの酷薄な対応が浮かび上がってくるともいえる。

天皇の命令に忠実な皇子である『日本書紀』のヤマトタケルに対して、『古事記』は父に愛されない憐れな悲劇の皇子としてヤマトタケルを描こうとしているのだ。

このように『古事記』のヤマトタケルは、父景行天皇との齟齬が強調されるほか、総じて過剰なものを有する存在（「ヲグナ」の荒ぶる特性を持つもの）として描かれている。つまり人間や社会の規範の範囲に収まりきらないものとして描かれる。

それに対して、『日本書紀』のヤマトタケルは、父景行に愛され、次代の天皇を期待される有能な偉丈夫として描かれ、その敗死の後、父天皇は大いに悲嘆にくれたとされる。あくまで天皇の皇子というものから逸脱しない、父天皇の命令に服従して敵を平らげる有能な戦士、英雄として造型されているのであり、記・紀のヤマトタケル造形の差異はあきらかだ。

第二章

選ばれた日本武尊

†選択されるヤマトタケル像

明治維新後の近代においてヤマトタケルが登場するとき、『古事記』と『日本書紀』、どちらのヤマトタケルが適当なものとして採用されたであろうか。

まず、はじめに、ある偏りがあることを指摘しておこう。

ヤマトタケルの表記については、『師範學校編輯　日本畧史　上』(文部省刊行　明治八年)、藤本眞編述・依田百川校正『新撰小學歴史　巻上』(阪上半七発行　明治二十一年訂正出版)、さらに教科書疑獄事件により、明治三十六(一九〇三)年に小学校令の改正が実施され、国定教科書となった以降の『小學日本歴史　一』(著作兼発行者　文部省、明治三十七年翻刻発行）、『尋常小學國語讀本』巻九（著作兼発行者　文部省、大正十年翻刻発行）、『小學國史教師用書』上巻（文部省発行　昭和十五年翻刻）などをはじめ、確認した五十数点のヤマトタケルを記載した戦前の教科書とその副読本の類において、ヤマトタケルノミコトは「日本武尊」と『日本書紀』の表記で記載されている。

もちろん例外は存在する。勝浦鞆雄著『皇國小史』全（吉川半七発行、明治三十年）には、「倭建《ヤマトタケル》尊」とあり、ヤマトタケルを『古事記』の「倭建」で表記し、ミコトに書紀の「尊」を使用する。先述したように、『古事記』が敬称であるミコトをすべて「命」と記しているのに対して、『日本書紀』は、ミコトに等級をつけ、「尊」を「命」の上位に設定していた。つまり、該書は、敬称だけ書紀を採用し、ヤマトタケルに最上級の「ミコト（尊）」を付与していることになる。

さらに、齊藤公一著『日本神話　古事記物語』（昭和十三年　金の星社）のように、「倭《やまと》建命《たけるのみこと》」と『古事記』そのままで表記するものも存在する。あくまでそのような傾向がみられるということだ。

しかし、大局的な視点に立てば、ヤマトタケルを表記するとき、教科書類において、『古事記』の「倭建命《やまとたけるのみこと》」という表記はほとんどみられないという状況があったということは確認できる。

昭和十三年修正再版発行の吉田彌平編、石井庄司補訂『師範國文　第一部用　巻十』に載る、評論家で詩人・歌人の相馬御風（一八八三〜一九五〇）の「古事記を読みて」という文章には、「古事記中に書かれた数多ある悲劇的人物の中で、最も我々の心を惹くのは日本武尊である」とあり、古事記を読むのだからヤマトタケルの表記は「倭建命」とそのまま記せばよいところを、わざわざ書紀表記の「日本武尊」を採用しているという例も見いだせる。

昭和十二年発行の宮崎久松著『少年古事記物語』（大同館書店）も、「小碓命《をうすのみこと》は後《の》ち日本《やまと》武尊《たけるのみこと》と申し上ぐ」と、書名に『古事記』と記しながらも、ヤマトタケルの表記を、「日本武尊」とわざわざ『日本書紀』に変更している。

また、『小學國史教師用書』上巻（文部省発行　昭和十五年翻刻）では、古事記中巻を引用するが、その章立ての題目は「日本武尊　老人と歌をよみかはしたまふ」と、やはりヤマトタケルは日本武尊と表記される。

そして、菊池寛著『小學生全集　日本建國童話集』（文藝春秋社、昭和二年）は、ヤマトタケル物語のほとんどを『古事記』に沿って記しており、西征条で、弟のクマソタケルから「畏《おそ》れ多《おほ》いことで御座《ござ》いますが、どうか御名《みな》を献《たてま》つることをお許《ゆる》し下《くだ》さいませ。今《いま》より後《のち》は倭建《やまとたける》の御子《みこ》と申《まう》し上げませう」と名を献上されるが、それに続けて、「この時《とき》から、倭建命《やまとたけるのみこと》と申上《まうしあ》げるやうになり、後《のち》に日本武命《やまとたけるのみこと》と申《まう》し上《あ》げるやうになりました」とヤマトタケルが「倭建命」から「日本武命」へと、後に表記が変更されたと述べる。『古事記』の「倭建《やまとたける》」から『日本書紀』の「日本武《やまとたける》」へと変化したという記述は（敬称のミコトのみを『古事記』の「命」のままとしているが）、はしなくも時代の空気を伝えているように思われる。近代は「日本武《やまとたける》」という表記を選択したのだ。

ほとんどの書物が日本武尊という表記であることから予想されるように、当然、物語の内容は『日本書紀』に準じて記されており、そこでは、兄大碓の殺害譚を記さず、東征途上、伊勢神宮の叔母ヤマトヒメの前で、父は私が死ねばいいと思っているのだと泣く譚もない、あくまで有能な天皇の皇子が各地を廻って地方を平定していく様が描かれる。

†火打ち石は誰のものか

ただ、樋口勘次郎・野田瀧三郎著『高等國語教科書　巻一』（金港堂書籍株式會社　明治三十四年）では、日本武尊に「御姨《ヲバ》の倭姫命、神剣と火打袋とをさづけ給ひぬ」とあり、書紀では伊勢神宮の斎宮であるヤマトヒメが授けるのは草薙剣のみであり、火打石の入った袋を与えるというのは『古事記』の筋である。また、學海指針社編『新撰帝國史談　前編巻一』も、「御叔母倭姫命《やまとひめのみこと》、叢雲の剣に火打袋を添へて、授け給ひき」（小林八郎発行明治三十二年訂正再版）と同様に記す。

　このように、草薙剣のみを授ける『日本書紀』に準じた内容に、『古事記』のように、火打ち石の入った袋も授けるというモティーフを付加するのは、早く、鎌倉初期成立と推定されている『尾張國熱田太神宮縁起』（熱田宮寛平縁起）に、ヤマトヒメが「一神剣」を与え、決してそれを身から離すなと述べた後、「一御嚢」を与え、もし火急なことがあれば、嚢の口を解けと述べ、ヤマトタケルは剣と嚢を拝領して行ったとされる。(9)

　この筋がなぜ選び取られたかは推測するしかないが、伊勢神宮は皇祖神アマテラスを奉祀しており、斎宮はそれに仕える天皇家の巫女である。アマテラス大神は斎宮ヤマトヒメを通して、天皇の皇子ヤマトタケルを加護するのであり、この作成者は、そのアマテラス大神の加護をより強調するために『古事記』の筋を採用したと考えるべきだろうか。『古事記』も参照した上で、『日本書紀』の「日本武尊」譚を主としながら、場合によっては記の「倭建命」の話を取り入れていくというのが、これらの書物の姿勢であるだろう。

また、少数ながら、教科書類以外の子供向け物語にはヤマトタケルを悲劇の英雄として、『古事記』の物語を語る書物も存在する。先述した齊藤公一著『日本神話 古事記物語』は、東征を命令されたヤマトタケルが叔母に向かって、父景行は「私に早く死ねとの御心持かと思いますと情なうございます」と歎いたことを記す。

しかし、新屋敷幸繁著・木俣武画『開發社少国民版 古事記』（開發社 昭和十七年）では、ヤマトタケルは「日本武尊」と表記されるが、クマソタケルを二人の兄弟とするなど、ほぼ『古事記』に沿った内容を記すが、兄殺しを記さず、伊勢神宮での叔母ヤマトヒメへの心情吐露も省略されている。

つまりは、天皇に忠誠を誓った有能な皇子としての部分だけを記し、『日本書紀』の「日本武尊」という表記でヤマトタケルを記す傾向がみられるということである。『古事記』と謳いながらも、内容は非古事記的なつくりとなっている。主人公の漢字表記と内容とがリンクしているといえるだろう。

また、単行本として刊行されているヤマトタケル物語の書籍名も、下村三四吉著『少年大日本史 日本武尊』（建設社 昭和十年）、偉人童話研究会編輯『遠征の勇神 日本武尊』（忠文館書店 昭和十年）、渡邊霞亭・碧瑠璃園著『日本英雄偉人文庫 日本武尊』（盛文館昭和十一年)、大江満雄著『日本武尊』(教材社　昭和十八年)、などと「倭建命」とするものはほとんど見当たらないのである。

†なぜ「日本」なのか

なぜ、「日本武尊」が圧倒的に大勢を占めるのだろう。

ヤマトを「日本」と表記することは、既に大宝元(七〇一)年成立の大宝令の公式令に「明神御宇日本天皇《あきつみかみとしろしめすやまとのすめらみこと》」とあり、(10)養老四(七二〇)年に成立した『日本書紀』神代巻に載る国生み神話中でも、本州を示す「大日本豊秋津洲《おほやまととよあきづしま》」の注に「日本、此《ここ》には耶麻騰《やまと》と云《い》ふ」とする。

しかし、『古事記』にはヤマトを「日本」と表記する例はひとつもなく、ヤマトタケルのヤマトには「倭」字を使用しているのはご承知のとおりだ。

「倭」は我が国を示す語として中国が使用したものだが、中国で「倭」が「日本」とされていくのは、八世紀初頭の唐の時代である。『旧唐書』、『新唐書』に、倭国自ら其の名の雅ならざるを悪《にく》み、改めて日本と為したとする(11)。

国文学者の神野志隆光は、古代中国の辞書をみると「倭」にはワとヰと二つの音があり、ヰは従順の意と解しているが、ワの音の方は東夷の国名として正史の倭人伝を引用するだけなので、ワ音の「倭」の意味はよくわからないとすべきだという。

そして『古事記』は、本居宣長『国号考』に述べたように中国が名付けて書いた字をそのまま用いただけであり、その文字の意味をになわせないところでヤマトを「倭」と表記したという。(12)

『古事記』が従来の用字である「倭」をそのまま使用しただけということは首肯できるが、我国人が「倭」の字を嫌って自分から変更したというのだから、「倭」字に悪い意味があると判断したことも間違いないだろう。

これは国号の問題であるのだが、近代においてヤマトタケルを表記するにあたっても、「倭」を「従順なさま」という意味内容を持つものと考え、古代中国が我が国を軽視して附した漢字だと解釈して「倭」を避け、「日本」という表記を採用するべきだとする観点が存在したということだろう。

そして、先述したように、ほとんどの教科書の類はヤマトタケルのヤマトを「日本」と表記していくのである。幼少・少年期のこの刷り込みはかなりの影響力があるだろう。ヤマトタケルは、「日本武尊」でしかなくなるのである。

さらに言えば、「日本」という表記は、大宝令の註釈書である『令集解』の古記に、「御宇日本天皇詔旨は隣国及び蕃国に対して詔するの辞なり」とあり、外部を意識して使用するものとしての側面もみられる。神野志は、『古事記』は『日本書紀』と異なり、中国のことを記さず、触れられるのは、新羅・百済という朝鮮半島の国々だけであり、それは古事記の世界観からすると天皇の「天下」の一部となるもので、『古事記』は外部を持たないとする。(13)

そのような、外部を持たない『古事記』の「倭《やまと》」タケルではなく、あきらかに書名に「日本」を冠し、外部を意識する『日本書紀』の「日本《やまと》」タケルが、我が国を大日本帝国と規定して近隣諸国を征服しようとする当時の国家体制にふさわしいものとして選択されたと考えるべきだろう。

単に『日本書紀』が我が国の正史としての地位を保ってきたことから、書紀の表記がそのまま採用されたのだという見解もあるだろう。

しかし、江戸後期に、本居宣長が、これまで我が国の正史とされ尊重されてきた『日本書紀』は、純粋の漢文で書かれている(漢意《からごころ》)が故に、我が国古来の「やまとごころ」はゆがめられて伝わらざるを得ず、『古事記』こそがそれを素直に伝えるものだという発想をして以来、明治維新以後の近代に入り、『古事記』は『日本書紀』以上の神典として、優位に立つという状況もあった。

明治維新後、博物局博物館（東京国立博物館の前身）史伝・図書課長、東京学士会院会員、御歌所寄人等を務め、東京大学、東京美術学校等で教鞭を執った黒川真頼《まより》（文政十二［一八二九］〜明治三十九［一九〇六］）（『國史大辞典』［執筆　樋口秀雄］、吉川弘文館）は、書紀を「近世に至りては、未一過《いまだいつか》通読《つうどく》だにせずして、此の書の年代不合を咎《とが》め、又僅《わずか》に一過通読して撰者の杜撰《ずさん》を聲《な》らす、軽率も亦甚《またはなはだ》しといふべし」という状況があり、さらに、「但是等《ただこれら》の輩は元より歯牙《しが》にかくべからざるものなれども、真に恐るべきは本居翁の古事記伝の巻首に、『書紀のあげつらひ』と題して撰者の私説を加へしこと、古伝説を漢文とせるが故に其の真を失ひしこと等の條々の説あり、是は別に故あることとなるを、悪しく心得るものありて此《こ》の書の瑕《きず》を露《あらは》さむとする所謂《いはゆる》穴探の説あり、最《もつとも》心得違《こころえちがひ》の甚《はなはだ》しきものなり（予が穴探といふは、此の書を毀《こぼ》たむとする意を以て論ずるものをいふ）」（「『日本書紀』を読む心得」[14]）と、『日本書紀』が尊重されない状況の存在したことを述べている。

先述した、相馬御風の「古事記を読みて」という文章にも、「我々の祖先の最も力ある生活を後世の我々に示すものは、ひとり古事記並に日本書紀あるのみである。殊に古事記にあつては、徹頭徹尾、潤色なき日本民族そのものの生活の記録である。……そして我々日本民族の生活史の殆ど全部を包んでゐるといつてもいゝほどな、かの仏・儒二教の空気の全然混じてゐない我が民族の記録は、たゞこれあるのみである。此の点に於て、我が民族にとつて最も尊い、そして最も広く最も深く読まれ味ははるべき書物は古事記である」とされるごとくである。

しかし、御風が『古事記』の表記を「倭建命」とそのまま記さず、わざわざ書紀表記の「日本武尊」に変更しているように、ここに関して矛盾がみられるのは、やはり「日本」と表記することに意味があるということだろう。

†その名はヤマトタケ

先述した図2‐1安達吟行画「大日本史略図會」（明治十八年）の説明には、「日本武尊《やまとだけのみこと》女装《じょそう》して巣窟《そうくつ》に入り賊魁梟帥《ぞくくわいたける》を殺《ころ》し給《たま》ふ」と、「日本武尊」に「ヤマトダケ（ノミコト）」との訓みが附してあったことに気づかれただろうか。

刊記に萬延元（一八六〇）年発行とある一夢道人指漏漁者編述、伊草孫三郎（歌川）国芳画の『大日本國開闢由来記』（六巻＋附記一巻）巻四にも、「日本武尊《やまとだけのみこと》童女《をとめ》の姿《すがた》にて酒《しゅ》

図2-5 『大日本國開闢由来記』のヤマトタケル

筵《えん》の席《せき》に熊襲《くまそ》梟帥《たける》を殺《ころし》たまふ處《ところ》」との説明で女装してクマソタケルを刺し殺そうとしている様子が描かれている（図2－5）。さらに、同書には、「日本武尊《やまとだけのみこと》　碓日嶺《うすひたうげ》に東国《ひがしのかた》を瞻望《のぞみ》たまふ處《ところ》」（巻五）ともあり、ここでも英雄の名称はヤマトダケであって、ヤマトタケルとは記されていない。

近代の記・紀の注釈書や教科書にも「ヤマトタ（ダ）ケ」とするものが少なくない。例えば、市川正一著『小學讀本　日本史略』（東京書林　明治八年）に「日本武命《ヤマトタケノ》」とあり、山縣悌三郎著『帝國小史（甲號）巻之一』（文學社　明治二十五年）、三屋大五郎編『高等小學筆記代用　日本歴史』（東京書林　明治二十五年）、育英散史編纂『初等教科　日本小國史』（松陽堂　明治三十年）に「日本武尊《ヤマトタケノミコト》」、さらに、一般書の大関克・西野古海和解『訓蒙假字　古事記』（三書堂　明治七年）、佐野保太郎著『講本古事記』（育英書院　昭和十二年）、幸田成友校訂『古事記』（岩波文庫　昭和十八年）にも「倭建命《やまとたけのみこと》」とある（ヤマトダケはヤマト［日本・倭］とタケ［武・建］が複合して一語を作るとき、連濁をおこしてヤマトダケとなる）。

　これは、古事記研究に多大な影響力を及ぼしている江戸後期の国学者・本居宣長が『古事記伝』において、「倭建命」に「ヤマトタケノミコト」の訓みを附していることの影響が大きいであろう。

　原本において、記「倭建命」・紀「日本武尊」には訓みが附されていないので、どのように訓まれるべきかは不明である。

『古事記』の最古の写本である真福寺本にはその訓みはないが、卜部系の祖本である卜部《うらべ》兼永《かねなが》自筆本『古事記』[15]（大永二［一五二二］年）や寛永版本《かんえいはんぽん》『古事記』（寛永二十一［一六四四］年）、『日本書紀』の註釈書である『書紀集解《しょきしっかい》』[16]（天明五［一七八五］年）に「ヤマトタケ」、度会延佳《わたらひのぶよし》著『鼇頭《ごうとう》古事記』（貞享四［一六八七］年）に「ヤマトダケ」との附訓があり、奈良から平安期にかけて『日本書紀』を講じた際の記録とされる『日本書紀私記

（甲本）[17]』や、後白河天皇の腹心で平治の乱で捕らえられ処刑された藤原通憲（信西）（一一〇六〜一一五九）の注釈書である『日本紀鈔[18]』も日本武尊を「ヤマトタケ」とする。

対してヤマトタケルという訓みは、佐伯有義校訂標注『増補六國史　日本書紀』（朝日新聞社　昭和十五年）に、「御名の訓は記伝にヤマトダケと訓みしを信友の比古婆衣《ひこばえ》巻三にヤマトタケルと称し奉たりしなるべしとて精しく考證せり[19]」とあるように、宣長の没後の門人の伴信友《ばんのぶとも》がその考証随筆『比古婆衣《ひこばえ》』（弘化四［一八四七］年から明治にかけて刊行）でヤマトタケルと称すべきであるとしたことから広まった。つまり、「ヤマトタケル」という訓みは、幕末から近代にはじまった新しいものであり、ヤマトタケの方があきらかに伝統的な名称であった。

明治七（一八七四）年刻成・松山喜輔輯『皇朝史略稱呼訓』（博聞社）には、「日本武《ヤマトタケルノ》尊《ミコト》」とのルビがみられ、その後、明治二十年刻成・田中頼庸《たなかよりつね》校訂『校訂古事記』（會通社）が「倭建命《ヤマトタケルノミコト》」の訓みを採用し、加藤高文著『標註古事記讀本　全』（青山堂雁金屋青山支店　明治二十五年）、井上頼文校註『校註古事記讀本　全』（小川尚栄堂　明治三十二年）も「倭建命」に「ヤマトタケルノミコト」と附訓しており、このあたりからヤマトタケルという呼称が一般的に拡まっていったのであろう。

「建（タケ）」は雄々しいとか、勇猛であるという意味の形容詞タケシの語幹タケであり、「タケル」も同様に形容詞タケシから派生した動詞であるから、その意味に大きな違いはみられない。

それならば、なぜ幕末に発生した訓みが、明治になって突然、以前のものを駆逐してしまったのだろうか。

もちろん伴信友の説に賛同したのだというのが一番簡単な説明だが、信友の論をみてもこれまでの訓みを変更せざるを得ないほどの決定的な証拠は挙げられていない。

信友は、「倭建命乃御名ヤマトタケルと称し奉たりしなるべし、……かくて還上り時に、入坐出雲国欲殺其出雲建而云云とありて、その出雲建を打殺給ひ其時の御歌に、伊豆毛多祁流とよみ給へる事もみえたり[20]」と、『古事記』西征条で「熊曾建《くまそたける》」が自己の名を小碓に献上するという譚の後に載せられた出雲建《いづもたける》殺害譚において、出雲の支配者「出雲建」が歌謡において「伊豆毛多祁流《いづもたける》」と一字一音で表記されていることを証として、「建」を「タケル」と訓むことをのべる。

しかし、国文学者の中村啓信が、「倭建命」の「建」字の訓は「タケ」の用例が多く、タケルという語はクマソタケル・イヅモタケルのようにミヤコと対極のヒナの賤賊《いやしきやつこ》の代名詞であって、それを至尊の小碓命にそのまま奉るはずがないとするように(21)、信友の説は、あくまで「出雲建」が「イヅモタケル」と訓めることの証であって、それを援用して、「倭建命」が「ヤマトタケル」と訓めると決定できるまでには至っていないといえる。つまり、これまでの訓みの否定にまでは至っていないのだ。

明快に「ヤマトタケ」という訓みが否定されたわけでないことは、近代のいずれの書もなぜヤマトタケをやめて、ヤマトタケルを採用したのか、その理由に触れたものが確認できないことからもわかる。

近代において「タケ」より「タケル」のほうが語感が良い、ということだろうか。研究書はともかく、教科書や一般書に関してはそういうものが優先されるとも考えられる。しかし、そのフィーリングを知ることは難しい。

昭和十年発行の国語辞書・大槻文彦著『大言海』(冨山房)の項目語彙タケには、「たけ　嶽・岳」、「たけ　丈」、「たけ　竹」、「たけ　茸・菌・蕈」、「たけ　他家」、「たけ　丈」が挙げられている。

一方、タケルには、「たける　梟帥・建　建ハ健ノ省字。たけるハ、猛るノ意ニテ、武勇者ノ義。威勢アリテ猛キ者。上代、己レガ猛キヲ恃ミテ、其地方ニ威ヲ奮ヒ居リシ蕃夷ノ長ノ称」、「たける　猛　猛クナル。アバレル」、「たける　哮　声高ニ、ノノシル」、「たける　物ニ触レテ情セマル」、「たける　たく（長）ノ口語」とあり、タケルの中に勇猛な意味が挙げられているのが確認できる。

ただし、「梟帥・建」を「蕃夷ノ長ノ称」とし、用例として景行記が挙げられ、そこには、「倭建《タケ》命」・「出雲建《タケル》」とルビが振られていて、大槻が宣長以来のヤマトタケ説を支持していることは明らかだが、それでも、タケの項に勇猛の意の「建《たけ》」の項を立てていないように、当時の一般的な語彙として、勇猛の意味のタケはあまりみられなかったということではないだろうか。[22]

あくまで、戦前の辞書の収録語彙にしかすぎないが、知識層はともかく、一般的な近代の人々の脳裏には、ヤマト・タケと発音されると、「ヤマト岳（ヤマトの高い山）・ヤマト竹（ヤマト産の竹）」などのイメージしか浮かばなかったのではないか。

さらに、教科書の類には、山縣悌三郎著『小學校用日本歴史　巻之上』（学海指針社　明治二十二年）、『尋常小學　新體讀本　巻四』（金港堂書籍株式会社　明治二十七年）に「日本《やまと》武尊《たけるのみこと》」とあり、先述したように明治三十六（一九〇三）年の小学校令改正以降は国定教科書となるが、『小學日本歴史　一』（明治三十七年）、『尋常小學國史』（大正九年）、『高等小學國史』（昭和十二年）、『小學國史　上巻』（昭和十五年）などに「日本武尊《やまとたけるのみこと》」との訓みが附されている。

教科書に記されると、それで学んだものたちは「ヤマトタケル」という訓みに慣れ、それ以外の訓みは受け入れにくくなる。

よって、その数が年々着々と増加するにつれて、当然、「ヤマトタケ」という訓みは駆逐されていき、「ヤマトタケル」が多数派を占めるに至ったということだろう。

第三章

英雄の利用法

†病気を鎮圧するヤマトタケル

この章では、近代においてヤマトタケルが、どのようなものとしてとらえられていたかの一端を垣間見てみよう。

図2－6は、「登録　テキメン散」「かぜ　ねつの妙薬」「大和高市郡舩倉　大和製剤合名会社」と印刷されていることから、風邪薬のビラであることがわかる。

図中の樹木（松）の幹には「かぜなぎ」と記され、ミヅラを結い、首飾りをつけた武人が炎の中で（炎は赤く着色されている）、小鬼のようなものを剣で斬り殺している様が描かれている。

『日本書紀』景行天皇四十年是歳《このとし》条にはこうある。

是《こ》の歳《とし》に、日本武尊、初めて駿河《するが》に至りたまふ。其《そ》の処《ところ》の賊《あた》、陽《いつは》り従ひて、欺《あざむ》きて曰《いは》く、「是の野に、麋鹿《おほしか》甚《はなは》だ多し。気《いき》は朝霧の如《ごと》く、足は茂林《もきはやし》の如し。臨《いでま》して狩《か》りたまへ」といふ。日本武尊、其の言を信《う》けたまひ、野中に入りて覓獣《かり》したまふ。賊、王《みこ》を

図 2-6　風邪薬のビラ

殺さむといふ情有《こころあ》りて〈王とは日本武尊を謂《い》ふ〉火を放《つ》けて其の野を焼く。王欺かえぬと知ろしめして、即《すなは》ち燧《ひうち》を以《も》ちて火を出《うちいだ》し、向焼《むかひびつ》けて免《まぬか》るること得《え》たまふ。〈一《ある》に云《い》はく、王の佩《は》かせる剣藂雲《つるぎもらくも》、自《おの》づからに抽《ぬ》けて、王の傍《かたはら》の草を薙《な》ぎ攘《はら》ふ。是《これ》に因《よ》りて免《まぬか》るること得たまふ。故《かれ》、其の剣を号《なづ》けて草薙《くさなぎ》と曰《い》ふといふ。藂雲、此《こ》こには茂羅玖《もらく》毛《も》と云《い》ふ。〉王曰《のたま》はく、「殆《ほとほと》に欺かえぬ」とのたまふ。則《すなは》ち悉《ことごとく》に其の賊衆《あたども》を焚《や》きて滅《ほろぼ》したまふ。故、其の処《ところ》を号けて焼津《やきつ》と曰《い》ふ。

（〈　〉内は本文を割って附された註部分を指す）

ヤマトタケルは東征途上、賊に欺かれて野原に入り、火をつけられるが、所持していた火打ち石で火をつけて難を逃れ、賊を焼き殺したので、その地を「焼津《やきつ》」と命名したとあり、文章を割って挿入された註に、ヤマトタケルの所持していた藂雲の剣がひとりでに抜けて、側の草をなぎ払った。これによって難を逃れることができ、それによって、その剣を名付けて草薙《くさなぎ》というのだとある。先述したように、この草薙剣は、東征に向かう途次、伊勢神宮に立ち寄り、斎宮である叔母ヤマトヒメから与えられたものだった。

†「草薙ぎ」の剣か「草刈り」の剣か

図2‐6で斬っているのは風邪を発症させる小鬼のようなものであり、ヤマトタケルが風邪の病魔をなぎ払うので、効果「テキメン（覿面）」に治癒する散薬というのであろう。「かぜなぎ」は「くさなぎ」のもじりであることが知れる。

この風邪薬の図像によって、庶民にもヤマトタケルの草薙剣の説話が流布していることがわかる。意味不明な図像であれば、風邪薬に附されるはずもない。発行年次は記されていないが、右から左への横書きであることから戦前のものであることはあきらかである。

このヤマトタケルが草を薙ぎ払って難を逃れる譚は、後世、天皇の正当性を明示するレガリアたる三種の神器の一つ・草薙剣の由来譚として注目され、ヤマトタケルの説話を描く際には、クマソタケルを女装して討つ譚と同様に多く取り上げられ、描かれてきたエピソードである。

例えば、先述した昭和三年に発行された『尋常小學國史繪圖』(23)には、女装してクマソタケルを襲おうとしている図（図2‐4）とともに、「日本武尊御劍をぬきて草を薙ぎたまふ」との説明入りで図（図2‐7）が載せられており、大正十四年発行の『高等小學國史

図2-7 『尋常小學國史繪圖』のヤマトタケル（全体図）

附圖[24]』では、「日本武尊草を薙ぎて難を免れ給ふ」と題してヤマトタケルが炎の中で剣を振り回す図像のみが描かれる（図2－8）。

しかし、実は『日本書紀』は、本文には草薙剣のことを記していないのである。

あくまで本文を割って細字で入れた注に、「一《ある》に云《い》はく、王の佩《は》かせる剣蘩雲《つるぎもらくも》、自《おの》づからに抽《ぬ》けて、王の傍《かたはら》の草を薙《な》ぎ攘《はら》ふ。是《これ》に因《よ》りて免《まぬか》るること得たまふ。故《かれ》、其の剣を号《なづ》けて草薙《くさなぎ》と曰《い》ふといふ」とあるのみだ。

「一に云はく」として、別伝としてヤマトタケルの剣「蘩雲《もらくも》」が側の草をなぎ払い、それにより、その剣を名付けて草薙《くさなぎ》というのだとあり、ヤマトタケルが叔母ヤマトヒメから授けられた剣の名称の由来は、本文ではなく、割注で語られるのみだ。

また、草薙剣は、記・紀両書共にスサノヲ神が出雲の八頭八尾の大蛇ヤマタノヲロチを退治して、その尾中から発見され、姉アマテラス大神に献上されたと神話中に記されていた。そして、『日本書紀』（巻一・第八段本文）は、該条と同様に細字で割注を附して、「一《ある》書《ふみ》に云《い》はく、本《もと》の名は天叢雲剣《あまのむらくものつるぎ》。蓋《けだ》し大蛇《をろち》居《を》る上《うへ》に、常《つね》に雲気《くものけ》有《あ》り。故以《かれも》ちて、名《なつ》くるか。日本武皇子《やまとたけるのみこ》に至り、名を改め草薙剣と曰《い》ふといふ」と述べていて（『古事記』には草薙剣の名についての説明はない）、ここでも剣の名称を草薙と改めることは、本文ではなく

図 2-8 『高等小學國史附圖』のヤマトタケル

割注に記されている。

ヤマトタケルの与えられた草薙剣が本文中で活躍するのは、『古事記』のほうである。『古事記』はこのように記す。

故《かれ》ここに相武国《さがむのくに》に到りましし時、その国造《くにのみやつこ》詐《いつは》りて白《まを》ししく、「この野の中に大沼あり。この沼の中に住める神、甚道《いとち》速振《はやぶ》る神なり」とまをしき。ここにその神を看行《みそな》はしに、その野に入りましき。ここにその国造、火をその野に著《つ》けき。故、欺《あざむ》かえぬと知らして、その姨倭比売命《をばやまとひめのみこと》の給ひし嚢《ふくろ》の口を解《と》き開《あ》けて見たまへば、火打《ひうち》その裏《うち》にありき。ここにまづその御刀《みはかし》もちて草を刈《か》り撥《はら》ひ、その火打もちて火を打ち出でて、向《むかひ》火《び》を著《つ》けて焼き退《そ》けて、還《かへ》り出《い》でて皆その国造等《ども》を切り滅《ほろぼ》して、すなはち火を著けて焼きたまひき。故《かれ》、今に焼遣《やきつ》といふ。

ただし、『古事記』では、草薙剣は本文中に「御刀」と表記され、「その御刀《みはかし》もちて草を刈《か》り撥《はら》い」とあって、『日本書紀』のように草を「なぐ・なぎはらう」のではなく、「刈る・刈りはらう」としているので、この説話がヤマトタケルの所持している「くさなぎ」

という剣の名称の説明譚とはなっていない。『古事記』の説話により命名するとすれば、「くさかりの剣」となってしまうのだ。[25]

『古事記』では、草薙剣を「草那芸剣《くさなぎのつるぎ》」・「草那芸之大刀《くさなぎのたち》」と剣とも太刀とも表記する。現在、剣は両刃のもの、刀は片刃のものを指すとされているが、古代においてはそのような区別は見られないようだ。

西郷信綱は、タチはものを断ち切るという性質「断《た》ち」から来る語で、ツルギは「吊《つ》り佩《は》く」(腰から下にものを付すことを「はく」〈例えば、ズボンをはくなど〉という)がツルキ(ツルギ)になった(剣が腰から吊して装着するものであったからこう命名された)と述べており、[26]そう考えると、同じものを機能の面から相違した名称で呼んだだけということになる。剣は両刃、刀は片刃というのは後世になってからの区分けということになろう。

この東征の、敵に火をつけられ、逆に火打ち石で火をつけて難を逃れ、敵を焼き殺すという譚は、「故、其の処《ところ》を号《なづ》けて焼津《やきつ》と曰《い》ふ」(『日本書紀』)、「故、今に焼遣《やきつ》といふ」(『古事記』)と、記・紀共に末尾に記されるように、あくまで焼津が「焼きつ」から命名されたとする地名起源説明として載せられている。

火をつけて敵を焼き殺したところだから焼津だというのが記・紀本来の説話の眼目なの

であり、『日本書紀』において、草薙剣の改名が記されているのは、該条でも、ヤマタノヲロチ退治譚においても、本文ではなく、あくまで説明のために附されたと考えられる注であったことを考えなければならないだろう。注は、本文ではなく、あくまで参照されるべきものとして附されるものであって、自ずから本文と同等の価値を持ち得ない。

この説話が草薙剣の改名に力点が置かれて取りあげられるようになったのは、後世、天皇の正当なる印である三種の神器のひとつとして草薙剣がクローズアップされるようになってからであろう。「クサナギ」が、「草をなぎ払った」ことからついたという説明が、原典の『日本書紀』の割注だけのものであることは、この解釈が決して古いものではなく、後付けの新たな解釈によるものである可能性も考えさせる。

クサナギという名称については、「沖縄では青大将をオーナギ・オーナガ（奄美）・オーナギリ（加計呂島）などという。つまり、ナギは蛇を意味する。また、秋田県では、虹をノギというが、虹と蛇とは、しばしば同じ語でいわれるものであり、ノギはナギの転と見られる。従って、本州の北部にも、ナギ（蛇）という例があったものと思われる。してみると、ナギは古くは蛇の意であったと認められる。クサは臭シの語幹。糞（クソ）と同根。猛烈で手のつけられない性質をいう。悪源太義平の悪のように、獰猛・勇猛の意が古義であろう。……（佐竹昭広説[27]）」という説がある。

たしかに、草薙剣がヤマタノヲロチという大蛇の尾中から出現したとする神話からすると、クサナギという語は、獰猛な蛇から出現した剣であることによる命名であるというほうが本来のかたちであろう。それを伊勢神宮の、ひいてはアマテラス大神のヤマトタケルへの加護をより一層強調するために、ヤマトタケルに与えた剣の名称「クサナギ」という語から草を薙ぐという行為を連想して、その説話要素を、後から割注で附加していったように思われる。

そもそも、我が国には、我々の言語を表記する文字は存在せず、隣国の中国から中国語を表記する文字である漢字を輸入して、やまとことばを表記する試みがなされていったわけであり、草薙剣の「くさなぎ」も本来、「くさなぎ」というやまとことばに、記・紀のそれぞれの編纂者が、「草薙」（『日本書紀』）・草那芸（『古事記』）」という漢字を当てていったわけである。それが、漢字で表記された途端、「くさなぎ」は「草薙」以外の意味を強固に排除することとなる。後世においては、「草を薙ぎ払う」という唯一の意味しか持ち得なくなるのだ。

『古事記』では、伊勢神宮でヤマトヒメが草薙剣を与えた後に、火打ち石の入った袋を渡すという説話要素を記し、それによって火打ち石で火難を逃れるということも、伊勢神宮の加護であると二重に強調するかたちになっている。そこでは、「その姨倭比売命の給ひし嚢の口を解き開けて見たまへば、火打その裏にありき」とヤマトヒメが袋を与えたことを再度記す念の入れようである。

『古事記』は、以前の西征条でも、『日本書紀』にはみられない、ヤマトヒメの御衣・御裳を与えられて、クマソタケル征討に赴くという筋を採用して、伊勢神宮のヤマトヒメの加護を述べていた。

その『古事記』が、焼津においてクサナギノツルギで草を「刈《か》り撥《はら》う」としていることからも、クサナギという名称が、草を「薙ぎ払う」という意味に固定した名称でないことがうかがえる。

『日本書紀』では、ヤマトヒメは、草薙剣を与えるのみで、火打ち石の入った袋を渡さず、焼津の火難を退けた火打ち石は、ヤマトタケルが自分で所持していたものとされている。

そして書紀の本文では草薙剣も登場しないのであり、そうすると書紀本文自体では伊勢神宮の加護が語られていないことになる。

元々の記・紀の焼津の説話自体が、火をつけられ焼き殺されそうになる、火打ち石を使って難を逃れる、逆に賊を焼き殺す、と火に関するモティーフを使用した焼津という地名の起源説明譚を元として作成されたと考えるならば、『日本書紀』は、そこに割注を附して、草薙剣を登場させ、剣の名称から、そこに草をなぎ払うという要素をも述べて、伊勢神宮の加護を語り、『古事記』は、ヤマトヒメから与えられた草薙剣を語り、火のモティーフの中に、もともとあった火打ち石は、ヤマトヒメが与えたものだという要素を事前に加えることで、伊勢神宮の加護を二重に記したということになろう。

後世、『日本書紀』の筋書きを採用して記すものは、当然のように草薙剣の由来を本文扱いをして載せるようになった。原典では、注というあくまで参照すべきところにある説を、本文として格上げして採用するという改変を行っているのだといえる。

これは、本文中に草薙剣を記す『古事記』に倣った改変といえるが、『古事記』では、あくまで草薙剣は、周りの草を刈り払うのであって、草を薙ぎ払うとはしていなかった。

†火打ち石で向火をつけて難を逃れること

さらに、明治二十五年発行の『帝國小史（甲号）』のように、

先ず伊勢の大神宮に参詣して、宝剣をこひ受け、駿河の国に至り給ひしに、其地のわるものども、尊を焼き殺さんと謀りて、広き野原にいざなひまゐらせ、火を四方より放ちたり。尊宝剣を抜きて、身ちかくの草をなぎたふし、燃に来る火を防ぎ給ひけるに、忽ち風かはりて、わるものどもの方に焼けつきしかば、其ものどもは盡《ことごと》く滅びぬ。これより彼の剣を草薙の剣とは名つけたり。(28)

とし、大正九年翻刻発行の文部省著作『尋常小學國史　上巻』にも、

まづ伊勢に至りて皇大神宮を拝し、天叢雲剣をいたゞきて、東国に向ひたまへり。尊の駿河《するが》に至りたまひし時、其の地のわるものども尊を欺《あざむ》きて、鹿《しか》がりせんとて野原の中にみちびきたてまつり、四方より草をやきたてて、尊を弑《しい》したてまつらんとせり。

尊御剣をぬき草を薙《な》ぎはらひて、ふせぎたまひしに、わるものどもは、かへつておのがつけたる火にやかれて、こと〳〵くほろぼされたり。これより此の御剣を草薙剣《くさなぎのつるぎ》と申すこととなれり。

とあり、明治三十七年翻刻発行、文部省著作『小學日本歴史　一』にも、

その御途中《ちゆー》に、駿河《スルガ》の国にいたりたまひしとき、賊《ぞく》ども、尊をあざむき、野にいざなひて、焼《や》き殺したてまつらんとせり。尊、すなはち、叢雲剣《むらくものつるぎ》をぬきて、草を薙《な》ぎはらひ、かへって、賊を亡《ほろぼ》したまへり。これより、この剣を草薙剣《くさなぎのつるぎ》といふ。この剣は、三種の神器の一にして、さきに、伊勢の神宮を拝《はい》したまひし時、御叔母《をば》よりうけたまひしなり。[29]

とあるように、焼津の火難除けについて草薙剣で草を薙ぎ払うことのみを語り、記・紀本来の火打ち石で逆に向火をつけて難を逃れるという説話要素が削除されるものまでみられるようになる。

該条を、草薙剣の由来譚とみていく方向性を純化するならば、当然の帰結といえるだろうが、これは、もう古代の『古事記』『日本書紀』に載る説話とは異なった、新たなものであることは言うまでもない。

さらに、『日本書紀』の内容を記しながらも、『古事記』のヤマトヒメが火打ち石の入った袋を渡す要素を附加し、より一層、伊勢神宮の加護を強調するもののあることはすでに述べた。

†病魔を払うものとしてふさわしいのは

ふたたび、図2-6の「登録　テキメン散」という風邪薬のビラに戻ろう。

近代以前、疫病、例えば疱瘡は疱瘡神という疫神によって引き起こされるものだと考えられていた。それを退ける方法の一つとして、病人の家に疱瘡絵を貼るというものがあり、その疱瘡絵に描かれたのは、中国の禅宗の始祖・達磨《だるま》や中国の疫病を追い払う神・鍾馗《しょうき》、平安末期の実在の武将ながら死後、伝説化し英雄となった鎮西八郎源為朝《ちんぜいはちろうみなもとのためとも》、昔話の金太郎・桃太郎、室町期より発生した七福神などであった[30]。

そうすると、病気を治す風邪薬に、病魔を斬り殺すものとして描かれる図像は、鍾馗や鎮西八郎為朝などのほうがよほどふさわしいと言えるだろう。近代に入り、そのような伝統とは異なったものが描かれているわけだが、超越的力を発揮する、いわゆる英雄（神）であるという共通点は存していると思われる。

違うのは皇室ゆかりのものであるかどうかという点だ。つまり、民間に伝承されていた英雄や神から、天皇の皇子、皇族である英雄へと転換がなされているといえる。

明治維新以降、天皇の権威を確立するために、神仏判然令やその後の廃仏毀釈を経て、記紀神話や延喜式所載の神々以外のもの、つまり民間信仰の神仏などへの抑圧は、激しさを増していったという社会状況が存在したこともその遠因として考えられる。

さらに、何故ヤマトタケルなのか。記・紀の説話には、周知のとおり、ヤマトタケルが病魔を退治する譚は載せられていない。

†スサノヲ神との親近性

ここで考えておかなければならないのは、ヤマトタケルとスサノヲという神の関係性である。

『古事記』『日本書紀』両書とも、スサノヲ神がヤマタノヲロチの尾中から発見してアマテラス大神に献上した草薙剣を、ヤマトタケルが東征にあたって伊勢の斎宮である叔母ヤマトヒメから与えられるという説話構成になっている。記・紀において、スサノヲとヤマトタケルの説話にはあきらかにつながりがみてとれるのだ。

スサノヲ神とヤマトタケルは、草薙剣の発見者とその命名・使用者として、記・紀の説話上でも結びつけられているが、さらに、室町期に成立した御伽草子「伊吹童子」には、

> さて素《そ》盞嗚尊《さのおのみこと》は稲田《いなだ》媛《ひめ》を御妻《みめ》として、須賀《すが》の里に住み給ふ。出雲の大社《やしろ》これなり。神上《かみあ》がらせ給ひても国土《こくど》を守り人民《みん》をあはれみ給（ひ）、御恵みなを（ほ）しも深くおはします故に、二百万歳を過ぎてのち、再び世に出で給ふ。
> 人王《わう》十二代のみかど、景行《けいかう》天皇《わう》の御子《みこ》、日本武尊《やまとたけのみこと》と申奉るは、すなはち素《そ》盞嗚尊《さのおのみこと》の御再誕とぞ聞えし。[31]

などとあり、ヤマトタケルをスサノヲ神の生まれ変わりと考えるものもあったことがわかる。

さらに、図2-9の絵葉書を見てみよう。この絵葉書の制作年代は不明だが、裏面宛名

図 2-9　ヤマトタケルの伊吹山の大蛇退治の絵葉書

面の上部の表記が横書きで右から左に「郵便はかき」となっており、昭和八年以降、「はかき」が「はがき」と濁音表記になることから、それ以前に作成されたものと推測される。(32)

この絵葉書には、剣を持った人物が、角の生えた龍のような巨大な怪物と戦っている様子が描かれている。巨大な怪物と戦う話としてわれわれが思い出すのは、神話中のスサノヲ神のヤマタノヲロチ退治譚である。スサノヲ神のヤマタノヲロチ退治譚については、後世、それが描かれるとき、ヲロチを蛇ではなく龍の姿で描くものが多数を占めること、八つの頭を持っているはずなのに、頭が一つで描かれることもよくあることなどが指摘されている。(33)

ちなみに、図2-10は、歌川国芳の高弟で、江戸末から明治中期まで活躍した歌川芳虎のおもちゃ絵「そさのふの尊　銘刀□ツカノ宝剣」だが、この「そ(す)さのふの尊」が剣をヤマタノヲロチに突き立てている図像と、図2-9のヤマトタケルの伊吹山での大蛇退治の図像を比較してみると、かなり似通っていることがわかる。

そうすると、この図像はスサノヲ神のヤマタノヲロチ退治を描いたものと考えてしまうのだが、この図2-9の左上の説明には、「日本武尊　十二代景行天皇の王子にて伊吹山にて大蛇を退治給ひ其蛇の脊より草薙の宝釼を得給たり」とある。怪物と戦っているのは

図 2-10　そさのふの尊　銘刀□ツカノ宝剣

景行天皇の皇子ヤマトタケルだというのである。
周知のとおり、『日本書紀』では、ヤマトタケルは、

胆吹山《いぶきのやま》に至《いた》りますに、山神《やまのかみ》、大蛇《おほへみ》に化《な》りて道《みち》に当《あた》れり。爰《ここ》に日本武尊《やまとたけるのみこと》、主神《かむざね》の蛇《へみ》に化《な》れりといふことを知《し》りたまはずして謂《のたま》はく、「是《こ》の大蛇は必ず荒神《あらぶるかみ》の使《つかひ》ならむ。既《すで》に主神《かむざね》を殺すこと得《え》てば、其《そ》の使者《つかひ》、豈《あに》求むるに足《た》らむや」とのたまふ。因《よ》りて蛇を跨《またこ》えて、猶《なほ》し行《い》でます。時に山神、雲《くも》を興《おこ》し氷《ひ》を零《ふ》らしむ。峰霧《みねき》り谷曀《たにくら》くして、復行《またゆ》くべき路無《みちな》し。乃《すなは》ち棲遑《しじま》ひて、其の跋渉《ふみわた》る所《ところ》を知らず。然《しか》るに、霧《きり》を凌《しの》ぎて強《あながち》に行《い》で、方《まさ》しに僅《わづか》に出《い》づること得《え》たまへり。猶《なほ》し失意《こころまと》ひて酔《ゑ》へるが如《ごと》し。因りて山下《ふもと》の泉《いづみ》の側《ほとり》に居《ま》して、乃《すなは》ち其の水を飲《を》して醒《さ》めます。故《かれ》、其の泉《いづみ》を号《なづ》けて、居醒泉《ゐさめがゐ》と曰《い》ふ。日本武尊、是《ここ》に始《はじ》めて痛身《なや》みたまふこと有《あ》り。

と、伊吹山の神が大蛇と化していることに気づかず、神自体を神の使者と誤認して殺さず、そのまま蛇をまたいで進み、山神は雲を興し、雹を降らせ、ヤマトタケルは正気を失って酔ったようになる。そして、ヤマトタケルはここから弱っていき、最終的に死に至ること

になる（『古事記』では伊吹山の神の正体を、牛のように巨大な白猪とする）。

しかし、この絵葉書では、逆にヤマトタケルが、伊吹山の大蛇を退治して、その背中から宝剣を手に入れたとする、記・紀とは異なった説明がなされている。草薙剣は、記・紀のヤマトタケル説話では、伊勢神宮の斎宮である叔母のヤマトヒメから授かったものであった。

つまり、この絵葉書は、スサノヲ神のヤマタノヲロチ退治の図像を利用し、そこにヤマトタケルが伊吹山の神である大蛇を使者と誤認して跨ぎこえる譚をヒントにして、あらたに伊吹山でのヤマトタケルの大蛇退治と宝剣発見譚を作り上げているということができる。このような、スサノヲ神とヤマトタケルが入れ替わった如くの図像が作成されるほど、ヤマトタケルとスサノヲ神は、かなり近いところにイメージされているといえる。

そして、そのスサノヲ神について、鎌倉期に『日本書紀』の註釈書として卜部兼方によって著された『釋日本紀』には、

備後《きびのみちのしり》の国の風土記に曰《いは》く疫隈《えのくま》の国社《くにつやしろ》。昔、北の海に坐《いま》しし武塔《むたふ》の神、南の海の神の女子《むすめ》をよばひに出《い》でまししに、日暮れぬ。彼《そ》の所に将来二人《しやうらいふたり》ありき。兄の蘇民将《そみんしやう》

来《らい》は甚《いた》く貧窮《まづ》しく、弟の将来は富饒《と》みて、屋倉《いへくら》一百《もも》ありき。爰《ここ》に、武塔の神、宿處《やどり》を借《か》りたまふに、惜《をし》みて借さず、兄の蘇民将来、借し奉《まつ》りき。即《すなは》ち、粟柄《あはがら》を以《も》ちて座《みまし》と為《な》し、粟飯等《あはいひども》を以《も》ちて饗《みあ》へ奉《まつ》りき。爰に畢《を》へて出《い》でませる後に、年を経《へ》て、八柱《やはしら》のみ子を率《ゐ》て還り来て詔《の》りたまひしく、「我《われ》、将来《しやうらい》に報答為《むくひせ》む。汝《いまし》が子孫《うみのこ》其の家《いへ》にありや」と問ひたまひき。蘇民将来、答へて申《まを》ししく、「己《おの》が女子《むすめ》と斯の婦《こめ》と侍《さもら》ふ」と申しき。即《すなは》ち詔《の》りたまひしく、「茅《ち》の輪《わ》を以《も》ちて、腰《こし》の上《うへ》に着《つ》けしめよ」とのりたまひき。詔《みことのり》の随《まにま》に着けしむるに、即夜《そのよ》に蘇民の女子一人《むすめひとり》を置《お》きて、皆悉《ことごと》にころしほろばしてき。即《すなは》ち、詔《の》りたまひしく、「吾《あ》は速須佐雄《はやすさのを》の神なり。後《のち》の世に疫気《えやみ》あらば、汝《いまし》、蘇民将来の子孫《うみのこ》と云《い》ひて、茅《ち》の輪《わ》を以《も》ちて腰に着けたる人は免《まぬが》れなむ」と詔《の》りたまひき。(34)

と、疫隈社に祀られる疫病神・武塔神が宿所を貸して歓待してくれた蘇民将来の恩に報いるため、腰に茅の輪を着けさせて、それ以外を殺し尽くしたと記し、自分のことを「吾は速須佐雄の神なり」と述べている。

この説話では、スサノヲ神は疫病をもたらす武塔神と同じものとして描かれているわけで、スサノヲ神は後世、疫病の神と習合しているのだ。

さらに、『釋日本紀』は、この条の後に、「先師申云、此則祇園社本縁也[35]」と、この説話が、京都の祇園社の縁起譚であるとしていて、中世期には、祇園社の祭神牛頭天王とスサノヲ神が習合していることがわかる。

祇園社は、疫病除けの神として信仰されたが、疫病神であれば、その意向で病気をコントロールできるはずであり、その神を崇め、歓待するなどして味方につければ、逆に病気を防ぐことができると考えたのであろう。

江戸期の享保三（一七一八）年二月、大坂の竹本座で初演され、同年、京都の歌舞伎でも上演された近松門左衛門作の人形浄瑠璃「日本振袖始《にっぽんふりそではじめ》」[36]には、スサノヲ神が、人間に四百四病を与える疫病神（疝気《せんき》の神、黄疸《おうだん》神、中風《ちゅうふう》の神、水腫腫満神、腹痛頭痛の頭《かしら》神など）を打ち負かし、重ねて、我が国に仇《あだ》をなさないとの誓いの手形を取るという譚が載るが、その中に、「けへん〳〵とせき上げて、鉢巻水鼻たれやらん、されば候何がしは、あつやさむやの風の神」と、風邪の神もみえている。

ここでは、もうスサノヲ神は疫病神の側ではなく、疫病を打ち懲らす神と設定されているのだ。

また、葛飾北斎の天保十二（一八四一）年出版の絵手本『画本早引　名頭武者部類』中の「素戔嗚尊《そさのをのみこと》　蠅聲邪神《さへえなすかみ》」は、これに着想を得た図像と考えられ、さらに、北斎八十六歳の時に描かれた牛御前（現・牛島神社）に奉納した絵馬や、弟子たちがそれを模倣した作品もあるという(37)。

このように、スサノヲ神が疫病をコントロールする神と認識されており、スサノヲ神とヤマトタケルが近いものと認識され、もしくは渾然一体化していたため、そこから、病気を退治する勇者としてのヤマトタケルのイメージがつくられ、風邪薬のイラストが描かれたのかもしれない(38)。

そして、この場合、民間の疫病神・牛頭天王と習合したスサノヲ神よりも、天皇の皇子であるヤマトタケルのほうが、ふさわしいものとして、近代の作製者の目に映ったのは当然であろう。

第四章

銅像としてのヤマトタケル

†兼六園に出現した慰霊碑

図2－11・12は、石川県金沢市にある、「日本三名園」の一つとされる兼六園内の銅像の写真絵葉書である。

兼六園は、十六世紀末、慶長年間の始めから藩主である前田家により、幾代にもわたり増改築を重ねて形成された一大大名庭園であり、維新後の明治六年、公園として解放された(39)。図2－11の絵葉書のキャプションには、「偉大な日本武尊の御像を仰げば目を射る「明治記念之標」の六文字。西南役戦士盡忠碑なり」とある。

西南戦争は明治十（一八七七）年、征韓論を主張して受け入れられず野に下った西郷隆

THE KENROKU PARK, KANAZAWA, JAPAN
ONE OF THE PARK TRIO OF JAPAN, NOTED BY
ITS NATURAL BEAUTIES AND ENCHANTING VIEW.
【金澤兼六公園】　偉大な日本武尊の
御像を仰げば目を射る「明治記念之標」の
六文字、西南役戦士霊忠碑など。

図 2-11　兼六園内のヤマトタケル像

図2-12　兼六園内のヤマトタケル像

盛を擁して、鹿児島私学校派を主とした九州の士族が、明治政府に対して兵を挙げた明治初期の内乱である。これに金沢の陸軍歩兵第七連隊も派遣されたが、その戦死者の慰霊碑として明治十三（一八八〇）年に建立されたものであるという(40)。

西南戦争における戦没者の慰霊碑は、各地に建設されたが、それが、日清・日露両戦役の戦没者顕彰記念碑・戦争記念碑にもつながっていく(41)。

図2-13の絵葉書には、「八町練兵場軍人記念碑　昔士族屋敷の址にして　神武天皇の御銅像を奉安す」とある。愛知県豊橋に明治三十二（一八九九）年に、日清戦争の顕彰記念碑として建造されたものであるという(42)。ここで作製さ

図2-13　日清戦争戦勝記念碑

れた像は、腰に太刀を佩き、「みづら」を結った姿で直立している神武天皇である。

　また、図2－14の絵葉書には、「日清露戦役紀念　新潟昭忠碑」とある。これは、明治四十（一九〇七）年に、日清・日露戦争戦死者の慰霊碑として新潟市白山公園内に建造された(43)。これも、ヤマトタケルではなく、神武天皇の像であるが、腰に太刀を佩き、左手に弓を持ち、背には矢を負い、前方に高く掲げた右手には、鵄《とび》が止まっている。その台座は球形であり、ちょうど地球の上に神武像が立つように作成されている。

　右手の「鵄」については、『日本書紀』神武天皇即位前紀戊《ぼ》午年《ごのとし》十二月条に、神武天皇は東征の際、ヤマトでトミノナガスネビコを攻撃し、幾たび戦っても勝つことができなかったが、「時に、

図 2-14　新潟市の戦死者慰霊碑

忽然《たちまち》に天陰《そらくら》く氷雨《ひさめふ》る。乃《すなは》ち金色《くがね》の霊《あや》しき鵄《とび》有《あ》りて、飛来《とびきた》り皇《み》弓《ゆみ》の弭《はず》に止《とま》れり。其の鵄光《ひか》り曄煜《かかや》き、状流電《かたちいなびかり》の如《ごと》し。是《これ》に由《よ》りて、長髄彦《ながすねびこ》の軍卒《いくさびとども》、皆《みな》、迷《まと》ひ眩《まき》えて復力戦《またきはめたたか》はず」との説話がみえる。

神武天皇の持つ弓の先に止まった金色の鵄が光り輝き、ナガスネビコの軍勢は、目がくらんで幻惑され、戦意を喪失したというこの話は、近代以降、教科書をはじめ多くの書物に記された著名なものである。それをモティーフとして、武力で功績を挙げた軍人等に与えられる金鵄勲章が明治二十三（一八九〇）年に創設されている。

しかし、なぜ、この石川県金沢の兼六園の慰霊碑には、神武帝ではなく、ヤマトタケルの銅像が作成され、据えられているのだろうか。本康宏史が指摘するように、「この時期（明治前半期）の戦没者慰霊碑の図像で、金沢以外に日本武尊像の例を確認することは、おそらくできない[44]」のである。

北陸との関連性

すると、ヤマトタケルと金沢になんらかの結びつきが存在すると考えられたということだ。

しかし、『古事記』『日本書紀』に載るヤマトタケルの物語には、周知のとおり、ヤマトタケルが北陸を巡行するという譚はみられない。

ただ、『日本書紀』景行天皇二十七年秋八月条に、「熊襲《くまそ》亦反《またそむ》きて、辺境《めぐり》を侵《をか》すこと止《や》まず」とあり、続けて冬十月条に、「日本武尊《やまとたけるのみこと》を遣《つかは》して、熊襲《くまそ》を撃《う》たしめたまふ」とあり、『古事記』中巻・景行天皇条にも、「ここに天皇、その御子の建《たけ》く荒き情《こころ》を惶《かしこ》みて詔《の》りたまひしく、『西の方に熊襲建《くまそたける》二人あり。これ伏《まつろ》はず礼《ゐや》無き人等《ひとども》なり。故、その人等を取れ』とのりたまひて遣《つか》はしき」とあるように、記紀説話において、ヤマトタケルは、父の天皇から九州のクマソタケル征討の命を受け、クマソに赴き、クマソタケルを討ち果たすという、いわゆる西征譚と称されるものが載っている。

そのことが、西南の役にあたって、天皇（政府）の命令で九州に赴き、西郷軍と戦った金沢の陸軍歩兵第七連隊になぞらえられ、そこで戦死した人々の功績を顕彰するのにヤマトタケルが相応しいと判断されたと考えられよう。

森田平次著『金沢古蹟志』にも、

按ずるに紀念標に標出せる日本武尊の銅像は、是《これ》景行天皇の御代、尊《みこと》をして熊襲国

を征伐せしめられし故事により拠りたるものにて、熊襲国は即ち日向・薩摩の地なればなり。(45)

との解釈が載せられている。

しかし、一方で、この明治紀念標のヤマトタケル像と共に柵内にある碑の一つである「明治紀念の碑」には、「相伝尊征東夷至此国也、挙国人加其軍、以賀東征之偉、是所/以国名之由而起也」(46)と、ヤマトタケルが東征の折、この国に至り、加賀の国人がヤマトタケルの軍勢に加わったことを、すぐれていることとして喜んだ(賀を加えた)のが、加賀という国名の起こりであるという、加賀という地名の起源伝承を記す。そして、そこにヤマトタケルと加賀の結びつきを見いだし、明治紀念標としてヤマトタケル像が採用された理由とする。

しかし、繰り返すが、東征の折、ヤマトタケルが加賀を巡ったという説話は、古代に成立した文献である記・紀にはみられないものだった。

†加賀国のヤマトタケル

巻末に寛文五（一六六五）年と記す『日本国名風土記』の「北陸道七ヶ国　加賀」条[47]には、

日本武尊《ニッホンダケノミコト》諸国《シヨコク》ヲ廻《メク》リノ時、荒血山《アラチヤマ》ヲ越《コヘ》テ、北陸道《ホクロクタウ》ヲ下リ給フニ、尊《ミコト》ノ兄大雄皇子《アニヲフエノワウシ》ヲモハク、北陸道ハ難処《ナンシヨ》ナリ、尊《ミコト》ノ勢《セイ》、スコシニシテハ、サタメテ夷等《イトウ》ニ、ヲトサレナントテ、数万《スマン》ノ軍兵《グンヒヤウ》ヲ引率《インゾツ》シテ、カノ江沼《エヌマ》国ニテ追付《ヲツツケ》タテマツルニ、尊ヨロコヒ給テ、コトナルコトナシ、一ノ賀《ガ》ナリ、御方《ミカタ》ノ御勢《ヲンセイ》加《クワヽ》ル、二ノ賀《カ》ナリトテ、賀《カ》ト云ナリ、賀《カ》ヲ加《クワ》ヘタリト仰《ヲヽ》セケルコヘ、江沼《エヌマ》ヲアラタメテ加賀《カガ》ト号スルナリ

と、ヤマトタケルが北陸道を廻り、兄大雄皇子がヤマトタケルを案じて、軍勢を率いて追いついたことを喜び、賀（よろこび・めでたいこと）を加えたとして「加賀」と名付けたとの伝承がみられる。

この『日本国名風土記』という書物は、和銅六（七一三）年の官命により各国で作成された古代の風土記とは異なる後世のものである。

加賀という国は、弘仁十四（八二三）年、越前国江沼・加賀両郡を割いて設置されたも

ので、律令制最後の建置であった。よって、古風土記撰録時には、加賀は越前国に所属していたわけだが、現在、越前国の風土記は散逸して伝わらない。

*　　*

その古風土記撰進の和銅の官命には、山川原野の名号の所由（名称の由来）を報告せよとの項目があり、それにより、古代の風土記には多くの地名の起源譚が収載されているが[48]、そこには、別の場所ではあるが、加賀という同じ地名の起源を語る説話が見られる。

天平五（七三三）年に編述された『出雲国風土記』島根郡加賀郷《かがのさと》条には、

佐太《さだ》の大神の生《あ》れまししところなり。御祖《みおや》、神魂命《かむむすびのみこと》の御子《みこ》、支佐加比売命《きさかひめのみこと》、「闇《くら》き岩屋《いはや》なるかも」と詔《の》りたまひて、金弓《かなゆみ》もちて射《い》給ふ時に、光加加明《ひかりかかや》きき。故《かれ》、加加《かが》といふ。[49]

と、暗い岩屋の中でキサカヒメという女神が金の弓で射たときに、光が輝いたことから、「かが（加賀）」という地名が起こったとする。

場所は異なるが、同じ「加賀」という地名の起源譚として、古代の風土記では、「かがやく」という、やまとことばの「かが」という音から、その地名が導き出されているのである。

対して、後世の『日本国名風土記』の地名起源伝承では、「賀（めでたいこと）」を「加えた」ことで「加賀」となったという、「加」・「賀」という漢字の有する意味から「加賀」という地名が導き出されている。

また、『日本国名風土記』は、「伊賀」という地名についての説明でも、アマテラス大神が「イカリノ御ココロヲヤメ給ヒテ。カヘツテ御賀《ヲンヨロコヒ》アリ。シカルアヒダ其処ヲ伊賀ト号ス」(50)とアマテラス大神が「賀《よろこ》」んだので、その地を「伊賀」と名付けたとする。

先述したように、本来、我が国は、自国の言葉（やまとことば）を表記する文字を持たず、隣国・中国の漢字を使用することによって、言葉を表記していった。当然地名も、やまとことばの「かが」という音がずっと口承されてきて、それを表記する必要に迫られたとき、そこに漢字を当てはめていったわけである。

よって、「かが」という漢字表記も、「加賀」という表記以外に、音によって「賀我」、「加宜」、「香々」などと表記される例もあった(51)。

江戸期の『日本国名風土記』の地名起源譚は、「かが」に「加賀」という表記があてはめられ、それが充分定着した段階を経た後の説明であることがわかる。

そもそも、地名というものは、近代に命名されたものを除いて、悠久の過去から伝承されてきたものであり、そのよって立つところを究明することは、ほとんど不可能に近い。ゆえに、地名起源説話というものは、本当にそれが、その土地の地名の由来になったというものではなく、実際のところ、まず地名が先にあり、そこから新しく説話が作成されていったというものが多かったろうと推測できる。

古代の風土記においても、報告事項に山川原野の名称の由来を記すことが要求されており、その地名の由来がすでに不明だった場合、新たにその時点で由来譚を作成していったこともあったと考えられる。

†兄から国人へ

記紀成立以降、『日本国名風土記』のように、ヤマトタケルが北陸道を廻り、兄大雄皇子がヤマトタケルを案じて、軍勢を率いて追いついたことを喜び、賀（よろこび・めでたいこと）を加えたことにより、加賀と名付けたという地名起源伝承が作成され、その後、それを元に、兄皇子ではなく、在地の国人がヤマトタケルの軍勢に加わったことを賀して国名としたという、在地の人々の活躍をより強調する譚が作成されていったということであろう。

そもそも、ヤマトタケルの兄として、記紀の伝承に記されるのは、「大碓《おほうす》皇子」であり、「大雄《をふえ》皇子」ではなかった。国名風土記では、「碓」が「雄」とされているのだ。[52]

『日本書紀』景行天皇二年春三月条には、

　其の大碓皇子《おほうすのみこ》・小碓尊《をうすのみこと》は、一日《ひとひ》に同《おな》じ胞《え》にして双《ふたご》に生《あ》れます。天皇異《あや》しびたまひて、則《すなは》ち、碓《うす》に誥《たけ》びたまふ。故《かれ》、因《よ》りて其の二王《ふたりのみこ》に号《なづ》けて大碓《おほうす》・小《を》碓《うす》と曰す。

と、父景行帝が双子が生まれたのを不審に思い、碓に向かって雄叫びをあげたことで、「碓」という命名がなされたとの命名由来譚が載っていた。

それをわざわざ「雄」に変更するというのは、誤写というのでなければ、天皇の皇子であるものの名称として、「碓」を単に穀物を粉にする道具であると考え、「雄」という強い・勇ましいという意を持つ文字のほうが相応しいという判断が働いて変更されたと考えることもできよう。より武勇を語る説話として、純化されたものになったともいえる。

近世の『日本国名風土記』採録の説話では、天皇の皇子ヤマトタケルが加賀という地名の命名者であるとして、天皇と北陸・加賀とが結びつけられた。

さらに、近代の「明治紀念の碑」採録の説話においては、その賀を加える内容そのものが、ヤマトタケルの兄皇子の援助から、在地の国人の所作に変更され、よりヤマトタケル（天皇）と北陸・加賀との結びつきが強調されているといえる。

ヤマトタケルがなぜ銅像として採用されたかの由来を語るとき、加賀の連隊の兵士の行為をヤマトタケル西征になぞらえるよりも、ヤマトタケル東征において、加賀国人がヤマトタケルの軍勢に加わり、天皇の皇子を援助をしたという伝承が、明治維新によって主権の座に返り咲いた天皇の世の中で、より魅力的なものであったことは想像に難くない。「明治紀念の碑」の作成者はそれを採用したということであろう。

†鎮魂・慰霊の象徴として

西南戦争の慰霊碑の銅像に、何故ヤマトタケルが採用されたかについては、それが、『古事記』『日本書紀』に載せられた、西征伝承つまりクマソタケル討伐譚に由来するものだとの説を述べてきた。

そもそも、銅像を建てて、その人物を顕彰するという行為は、西洋から入ってきた思想である。明治維新前後に欧米諸国を見聞した人々は、都市の要所に銅像があって、偉人の業績を顕彰するとともに、美術作品としても優れ、それらが都市のランドマークになっていることを知り、それが文明開化の象徴として受け止められ、我が国に移入されていった(53)。

金沢のヤマトタケル像は、明治二十一年に建立された靖国神社境内の大村益次郎像より以前の、明治十三(一八八〇)年に、越中高岡の工人により作製された日本最古の銅像であるとされる(54)。

しかし、兼六園のヤマトタケル像は、西南戦争の戦死者を慰霊するものとして建造されたものであり、天皇の皇子ヤマトタケル本人の顕彰を目的としたものではない。

それでは、なぜヤマトタケルが、死者を慰霊するものとして捉えられたのか。

それは、クマソ征伐という行為だけに由来するものではなく、ヤマトタケルという伝説の英雄自体に由来するところがあるのではないだろうか。

つまり、ヤマトタケルは、天皇の皇子であると共に、人間以上の存在、つまり神仏の類と解釈され、それにより、西南戦争の戦死者の慰霊碑に配置されたのではないかということだ。

近代を迎え、『古事記』『日本書紀』に載録された説話が史実として解釈されねばならないという流れが厳然としてあったことは確かであろう。しかし、一般庶民は、当時、このヤマトタケル像を「金仏さん」という名称で呼び慣わしていたとされる(55)。

明治十四年金沢市生まれの郷土史家・八田健一も、「筆者が子どものころ、『公園の金仏さん、日にち毎日雨ざらし』と唄ったように、あの日本武尊像を金仏さんと呼んでいた。東大寺の盧舎那仏を奈良の大仏さんと呼んでいるのと同じく、仰いで眺める人はあっても伏して拝む人のないほど、われら市民をなごやかな親近感に結びつけている(56)」と述べている。

我が国では、仏教流伝以降、仏と在地の神々との習合が始まった。そして、それは、仏教が国教化して以降、仏教を主として展開されるに至った。中世期になると、日本の神は、仏が日本の衆生を救済するため、権《かり》に姿を現じたもの(権現)とされ、あくまで仏が主(本地)であるとされ、それは天皇が神として政権に復帰した明治維新に至るまで続いた長い伝統であった。

このような江戸期までの神仏習合、一体化の状況にあって、天皇は己の統治の正当性を神に連なるものとして提示するにあたり、神と仏を明確に区別して、己の祖先にあたる記・紀の神々を上位に置く必要が生じたのである。

しかし、先述した慶応四（一八六八）年からの神仏判然令に、「中古以来、某権現、或ハ、牛頭天王之類、其外、仏語ヲ以神号ニ相称候神社、不少候」とあるように、仏と結びついていた多くの神々は庶民にとって一般的なものであり、政体が移行したからといって、一朝一夕で忘れ去られる類いのものではなかったろう。

ヤマトタケルの銅像を、金沢の人々が「金仏さん」と称したというのも、庶民のこれまでの伝統的な信仰の状況からすれば、至極当然のことであったといえよう。

近代の銅像は明治以降、実在の偉人を顕彰するために作成された、西洋から移入された新しい思想に基づくものであったろうが、我が国における銅像は、まず仏像などとしての長い歴史を辿ってきたのである。

このヤマトタケル像の落成にあたって『金沢古蹟志』には、「その入費夥多なりしといへども、聖上より金百円下し賜はり、旧藩前田従四位公より七百円、東本願寺より二千円、西本願寺より標前の外廻り石造の柵等の入費を寄附せられ、其の他県下金沢及び加賀・能登・越前・越中の諸郡郷有志の者共は勿論、長野県等他県下の人民までも多少献金しけるに依つて、不日、経営の功を奏し[57]」たとあり、東本願寺が、明治天皇（聖上）や旧藩主前田家より、多額の寄付を行っていることが述べられ、さらに、明治十三年十月二十六日から三十日まで執行された祭奠《てん》式では、「東西本願寺の門主も下向ありて、法会説教などせられしかば、貴賤老若群れをなしけり」とあるように、浄土真宗（東西本願寺）の関与が大きく取り上げられている。

また、『石川県史』には、「大教正大谷光尊、権大教正大谷光瑩、その他各派各宗の僧侶神職来り会し、遠近の賽人群衆せり[58]」ともある。

そこでは、ヤマトタケルの像は、あくまで神仏の類として受け止められ、そこで西南戦争の戦死者の供養が宗教者によって執行されたということだろう。

昭和五十四年五月二十八日付「北國新聞」夕刊に、「兼六園の日本武尊像　保存講があった　神仏同様に崇拝　隠れた史実明るみに」と題して、

金沢市・兼六園のシンボルの一つとされる日本武尊銅像（明治紀念標）は建立当初、西南戦争戦死者の鎮魂碑として神仏同様に崇拝され、参拝者の集まりである保存講があった。石川県鶴来町の旧家で、このほど見つかった明治時代の文書から、こんな史

実がわかった。保存講の存在については、兼六園全史など郷土史書にも記述はなく、「激動の明治」の一面を知る貴重な史料として、郷土史家らから注目を集めそうだ。史料が見つかったのは、鶴来町日向町、鶴来町長柴田進さん（五十一）宅。小倉学国立石川高専名誉教授（民俗学）が鶴来町を流れる七ヶ用水研究のための資料として柴田さんから借りた古文書の中に明治時代の封書が含まれていた。封書の中に、「明治紀念標保存講証票」と印刷され、刻印された紙片（縦十二センチ、横七・八センチ）と「紀念碑設立の告白」と題された文書（縦十四・三センチ、横二〇・四センチ）が入っていた。封書の消印は明治十四年六月二十九日。……保存講証票の裏面には「該票ハ預（かね）テ渡置ク者ニシテ爾（じ）来祭典ノ節之レヲ持参スレハ講員ノ待遇ヲ受クル者トス」と印刷されている。小倉学国立石川高専名誉教授によると、明治紀念之標は、明治十年の西南戦争で戦死した陸軍第七師営（金沢）の軍人四百七人の霊を慰めるために明治十三年十月に建てられた。今回の史料発見により、その翌年に保存講が発足し、保存講事務所ができたことがわかるという。また、同封の「紀念碑設立の告白」には、戦死者に対する気持ちを「其（その）忠義を不朽にせんと……」などと記し、戦死者を古代の英雄である日本武尊に見立て、神仏並みに崇拝されたことがうかがえる。

との記事が載っている。[59] ヤマトタケルは神仏同様に崇拝され、参拝者の集まりである保存講があったというのだ。

もっとも、ヤマトタケルは原典の『日本書紀』（景行天皇四十年秋七月条）において、父である景行帝から、

今《いま》し朕《われ》、汝《いまし》の為人《ひととなり》を察《み》るに、身体《からだ》長《たか》く大きく、容姿《すがた》端正《きらぎら》し。力《ちから》能《よ》く鼎《かなへ》を扛《あ》げ、猛《たけ》きこと雷電《いなびかり》の如《ごと》し。向《むか》ふ所前無《ところかたきな》く、攻《せ》むる所必ず勝《か》つ。即《すなは》ち知《し》りぬ。形《かたち》は則《すなは》ち我《わ》が子にして、実《むざね》は則ち神人《かみ》にましますことを。是寔《これまこと》に、天《あめ》の、朕《わ》が不叡《をさな》く且国《またくに》の不平《みだれ》たるを愍《あはれ》びたまひて、天業《あまつひつぎ》を経綸《をさ》め宗廟《くにいへ》を絶《た》えずあらしめたまへるか。

と、説話上、神であることが既に述べられている。そのことも、後世、ヤマトタケルを神とする設定を容易にしたことだろう。

†白鳥と化すもの

ヤマトタケルは、東征の最後に、近江の伊吹山の神に破れて崩じ、『古事記』に、

ここに八尋《やひろ》白智鳥《しろちどり》に化《な》りて、天《あめ》に翔《かけ》りて浜《はま》に向《む》きて飛び行《い》でましき。

とあり、『日本書紀』景行天皇四十年是歳条に、

即《すなは》ち群卿《まへつきみたち》に勅《みことのり》し、百寮《もものつかさ》に命《みことおほ》せて、仍《よ》りて伊勢国の能褒野《のぼの》陵《のみささぎ》に葬《はぶ》りまつる。時に日本武尊、白鳥《しろとり》に化《な》りたまひて、陵より出《い》でて、倭国《やまとのくに》を指《さ》して飛《と》びたまふ。群臣《まへつきみ》等《たち》、因《よ》りて其の棺櫬《みひつき》を開《ひら》きて視《み》たてまつるに、明衣《めいい》のみ空《むな》しく留《とど》まりて、屍骨《みかばね》無《な》し。

と載るように、死後、白い鳥と化して飛び去ってしまう。

これを、子の仲哀帝が、

朕《われ》、未《いま》だ弱冠《かがふり》に逮《いた》らずして、父王《ちちのきみ》既《すで》に崩《かむあが》ります。乃《すなは》ち神霊《みたま》白鳥《しろとり》に化《な》りて天《あめ》に上《のぼ》ります
（私がまだ二十歳になる前に、父王は既に崩御された。霊魂は白鳥となって天に昇られた）。
（仲哀天皇元年冬十一月条）

と、父の霊魂が白鳥となって天に昇ったと述べている。

先述したように、現在、ヤマトタケルに関連する神社は、北は青森県から南は鹿児島県まで全国に多くみられるのだが、その中に、「白鳥神社」という名称のものが、東北地方二社（宮城県二）、中部地方九社（長野県一、富山県一、石川県一、岐阜県四、愛知県二）、中国地方二社（広島県一、山口県一）、四国地方一社（香川県）、九州地方五社（福岡県二［含白角折《しらとり》神社］、長崎県一、大分県一、宮崎県一）ほどみられる。(60)

これらの神社が、何時から白鳥神社と称したのかは不明だが、ヤマトタケルが死後、白鳥（霊魂）となって飛翔したという説話にちなんで名づけられたことは確かだろう。

†鳥と霊魂

鳥は古来より、死んだ人間の霊魂の化したものととらえられてきた。

『日本書紀』垂仁天皇二十三年九月条には、垂仁天皇の皇子誉津別王《ほむつわけのみこ》は、三十歳になっても、泣いてばかりいて、赤子のようであり、言葉を話さなかったが、空を飛ぶ鵠《くくひ》（白鳥の古名）を見て、「あれは何」と、初めて口をきいた。帝は、鳥取造《ととりのみやつこ》の祖天湯河板挙《あめのゆかはたな》に命じて鳥を探させ、出雲で捕獲することができた。誉津別王は、この鵠を手にして遊び、話すことができるようになった、という説話が載せられていて、これも、魂の抜け出ていた誉津別王に、霊魂である鳥を与えることによって口がきけるようになったということであろう。

文化人類学者の荻原眞子は、シベリアの「アムール川中流域のトゥングース・満州語系のナーナイでは、I・A・ロパーチンによると、人間にはオミヤ、エルゲニ、ファニャという三つの霊魂があると考えられている。オミヤは赤ん坊の霊魂であって、赤ん坊が一歳未満で亡くなると、それは大人のように他界（ブニ）へは行かず、天（ボア）へ飛んでいって、そこの大樹（オミヤ・ムオニ）に小鳥の姿となって止まる」とし、赤ん坊の霊魂が小鳥の姿で飛来したり、山頂の巨木の枝に止まっているという観念はアムール川流域や東シベリアのトゥングース・満州語系諸族に顕著であるとする。[61]

また、マレー半島に居住するシマング族も、「まだ生まれぬ嬰児の霊魂は、鳥の中に宿つてゐると考へられ、女が妊娠したときは、彼女がそれに倣つて名づけられた鳥の一ばん近い巣を訪ふて、葉と花とでこれを飾り立てる。この表示にひきつけられた霊の鳥は樹上に降り立ち、そして殺される。この鳥を食ふことによつて、母親はそのまだ生まれぬ嬰児に霊魂を与えるのである」[62]と、嬰児の霊魂を鳥と考えているとする。これらの例から、鳥が人間の魂の化したものだという観念が、我が国だけのものでないことがうかがえる。

福島秋穂は、なぜ鳥と霊魂が一体視されたかについて、夢という現象を考え、人は夢の中で、遠距離の彼方との間を往復し、そこで種々の出来事に参加することが可能であるが、この不思議な経験を古代人は、身体と霊魂が分離するものであり、霊魂は短時間に相当の距離を交通し得るもの、即ち鳥類と考えたとする[63]。

先述した愛知県豊橋市の日清戦争戦勝記念碑(図2-13)や新潟県新潟市の日清・日露戦役の戦死者慰霊碑(図2-14)には、神武天皇の銅像が建てられた。これは、皇祖神アマテラス大神の曾孫であり、初代天皇となったとされる神武の、近代における顕彰という新しい流れの中にあるものであろう。

それが、金沢では、西南戦争という九州での戦闘であることが、まずヤマトタケルを連想させ、さらに、死後、その霊魂が白鳥と化して飛び去ったと語られるヤマトタケルが、戦死者を弔う慰霊碑の像として、死者の霊魂が素早くまっすぐにあの世へ向かうことを期待して、選び取られていったという側面があったのではないか。

それにより、本来、記紀のヤマトタケル伝承では、何の縁もなかった北陸の名園である兼六園に、ヤマトタケルの像が鎮座することになったのだろう。

＊　　＊

古代の英雄ヤマトタケルに関しては、異なった二つの性格が語られていた。

『古事記』の「倭建命《やまとたけるのみこと》」は、その人間を超越した荒ぶる性格によって、父である天皇に疎まれて外部へと追いやられ、最終的に死を迎えることになる。一方、『日本書紀』の「日本武尊《やまとたけるのみこと》」は、父天皇に忠誠を誓った有能な皇子として各地を廻り、地方を平定していく様が描かれ、その死に際して、父である天皇は最大級の悲しみを表出する。

明治維新以降、ヤマトタケルを語るに際して、『日本書紀』の天皇に忠誠を誓った「日本武尊《やまとたけるのみこと》」が選択されたことはみてきたとおりだ。

そして、風邪薬には、これまでの民俗信仰の英雄や神に替わって天皇の皇子ヤマトタケルが描かれた。また、ヤマトタケルは日本三名園とされる金沢の大名庭園・兼六園に、日本初の銅像としてその偉容を現出させることにもなった。

これらの事象が、明治維新政府の元、君主として復活した天皇の権威を背景として展開されたものであることは論を俟たないだろう。

おわりに

†国定教科書の中で

明治四（一八七一）年に文部省が設置され、全国民を対象とする学校制度の確立が図られ、翌五年に「学制」、「小学教則」が公布された。明治十九（一八八六）年には、「小学校令」が公布されて、教科書は文部大臣の検定したものに限るとされた。

さらに、明治三十五（一九〇二）年に教科書疑獄事件が起こり、それを契機として、翌三十六年に、小学校の教科用図書は文部省において著作権を有するものと「小学校令」の規定が改定され、明治三十七（一九〇四）年から国定教科書が使用されるようになった。

その国定教科書は、戦前は、第一期（明治三十七年より使用。『尋常小学読本』〔イエスシ読本と俗称〕）、第二期（明治四十三年より使用。『尋常小学読本』〔ハタタコ読本と俗称〕）、第三期（大正七年より使用。『尋常小学　国語読本』（〔ハナハト読本と俗称〕）、第四期（昭和八年より使用。『小学国語読本』［サクラ読本と俗称］）、第五期（昭和十六年より使用。『初等科国語』［アサヒ読本と俗称］・『ヨミカタ』・『よみかた』）と五期に分かれる。[1]

その中で、「日本武尊」は、第一期では取り上げられていないが、第二期では二例、第三期では三例、第四期・第五期では四例と、確実に増加していることがわかる。[2]

天皇の皇子、戦う皇族であるヤマトタケルが、日中戦争、太平洋戦争へと突き進む状況において、その露出度が増加していったのだ。タヂマモリもそのような状況で、天皇の忠臣という部分がクローズアップされて、昭和十七年の国定唱歌教科書に載せられ、全国菓子博覧会においても、登場する機会が増加した経緯はみてきたとおりである。

†近代における変容

これまで、奈良朝初期に成立した『古事記』（和銅五［七一二］年成立）、『日本書紀』（養老四［七二〇］年成立）に載録された、タヂマモリ説話とヤマトタケル説話を取り上げ、その説話の分析と、それが近代に至ってどのようなものとしてとらえられ、改変され利用されていったのかという様態とその意味を考えてきた。

タヂマモリは、常世の国から「ときじくのかくの木の実（橘）」を持ち帰り、帰国後、殉死した忠臣ということから、外来の西洋菓子の脅威にさらされた従来の日本の菓子業界を牽引していく菓子の神という象徴に祀り上げられていった。

ヤマトタケルは、『古事記』と『日本書紀』ではその描かれ方が大きく異なっていたが、そのうち、天皇の命令を忠実に執行する書紀のヤマトタケル像が選択され、従来のヤマトタケという名称は、ヤマトタケルと呼称されるに至った。

『古事記』『日本書紀』の近代における受容と変容の諸相は、前著『日本神話はいかに描かれてきたか』(新潮社　二〇一七年)において、これまで注目されてこなかった図像というものに焦点を当てて考察した。

そこでは、日本の島々と神々を生んだイザナキ・イザナミ神が神前結婚式の神とされたこと、スサノヲ神の退治した八つの頭を持つ巨蛇ヤマタノヲロチが龍の姿で描かれていったことなどを取り上げたが、それに続けて、初代天皇神武が、幕末より近代において発見され、文明開化の象徴として顕彰されていったこと、神功皇后が八幡信仰の母神的存在から、皇后自身が戦う英雄へと解釈されていった様を考察した。本書の垂仁朝のタヂマモリと景行朝のヤマトタケルの説話もそれに連なるものとしてである。

†神話と同質の物語

「はじめに」でも述べたように、『古事記』『日本書紀』という書物は、共に冒頭に神話が載せられている。『古事記』は上・中・下三巻中の上巻、『日本書紀』は三十巻中の巻一・二に相当する。ここでは、「高天原《たかあまのはら》」の主宰神アマテラスが、大国主神《おほくにぬしのかみ》の支配する葦原中《あしはらのなかつ》国《くに》を譲り受け、アマテラス大神の孫ニニギが葦原中国《あしはらのなかつくに》に降臨する様が描かれる。そして両書とも、最後にカムヤマトイハレビコ（初代天皇神武）の誕生が記されて締めくくられるという構造になっている。その後、『古事記』は中巻から、『日本書紀』は巻三から、ニニギの曾孫であるカムヤマトイハレビコが初代の神武《じんむ》天皇となる様が描かれ、それ以後歴代天皇の統治が語られる。神話が両書の巻頭にわざわざ載録されたのは、天皇が最高神アマテラスの子孫であることを明示するためであったろう。

神話は、『古事記』では上巻、『日本書紀』では巻一と巻二にまとめられているが、その巻末が、初代天皇神武となるカムヤマトイハレビコの誕生を記しているということは、記中巻・書紀巻三とのつながりを積極的に語ろうとするものである。

『古事記』中巻・『日本書紀』巻三以降の天皇の統治する人の世の物語でも、日向からヤマトへ東征するカムヤマトイハレビコ（神武天皇）の危機に際して、アマテラス大神（記ではアマテラス大神と高木神）は、天上から刀剣を下し、道案内としてヤタガラスを派遣する（記では高木大神の命令とする）という物語が語られる。また、三韓征討において、神功皇后もアマテラス大神と住吉三神などの加護により征服を実現させたとする。つまり、記・紀両書とも、神々の物語と人の世の物語が断絶せず、ひと続きのものとして構成されているのだ。

そして、タヂマモリが不老不死を求め、海の彼方の永遠不変の国・常世からときじくのかくの木の実を将来する説話や、ヤマトタケルが女装してクマソタケルを倒し、その名を譲られる西征譚、賊の火攻めに対して、叔母から渡された、神話中でスサノヲがヤマタノヲロチの尾中より発見した草薙剣で周囲の草を薙ぎ払い、こちらから火打ち石で火をつけて難を逃れる東征譚に関しても、それらは決して歴史的事実を載録しようとしているのではなく、記・紀神話の延長線上に位置する同質の「物語」として作成されたものと考えられるだろう。

本書は、それら、『古事記』『日本書紀』という、千三百年以上も前の、奈良朝初期に成立した古代の書冊に記された譚が、明治維新により、天皇を戴く政権に移行したことでクローズアップされ、近・現代を生きる国民の生活文化を規定するものに多くの影響を与えつづけていることの一端を示そうと試みたものである。

注

はじめに

（1）「太政官日誌　慶応四年　第一〜二巻。第五　慶応四年戊辰三月」国立国会図書館デジタルコレクション。

（2）「奥羽人民告諭」出版社不明　国立国会図書館デジタルコレクション。『明治文化全集　第二十五巻　雑史篇』（日本評論社　昭和四年）。

（3）朴晋雨「天皇巡幸からみた天皇崇拝と民衆―福島県郡山地域を中心として―」『日本史研究』三〇九号（一九八八年発行）、牧原憲夫「巡行と祝祭日　明治初年の天皇と民衆」『明治維新と文明開化』（吉川弘文館　二〇〇四年）。

（4）大日方純夫「民衆は天皇をどう見ていたか―一八七三年鎌倉行幸沿道探索書を手がかりとして―」（『日本史研究』三二三号　一九八九年）。

（5）小島憲之・直木孝次郎・西宮一民・蔵中進・毛利正守校注・訳『新編日本古典文学全集　日本書紀①』（小学館　一九九四年）解説。中世以降の卜部系諸本において、一書は一字下げではあるものの、本文と同じ大きさ（大書体）で表記されるようになる。一書の伝承が本文と同じ価値を持つと解釈されたのであり、これも大きな変容といえるだろう。これは、中世期に新たな神話テクストが創作されていった所謂「中世日本紀」の運動と関連したものであろう。

（6）西宮一民校注『古語拾遺』（岩波文庫　一九八五年）。

（7）鎌田純一校注『神道大系　古典編八　先代旧事本紀』（神道大系編纂会　昭和五十二年）。本書は序文に聖徳太子撰とあることから、近世初頭以前、我が国最古の書物として尊重されていたが、多田義俊・伊勢貞丈等の研究により、平安初期以降の成立であることが確実となった。よって、偽書の扱いを受けてきたが、その中には独自の古伝承もみられるとされ、近年再評価がなされている。その成果として、工藤浩編『先代旧事本紀論　史書・神道書の成立と受容』（花鳥社　二〇一九年）がある。

（8）拙稿「住吉大社神代記」（古代文学講座『霊異記・氏文・縁起』勉誠社　平成七年）。

（9）中世期には、神道書や仏書に「日本紀」や「日本記」からの引用とされる神話、古代説話がみられる。伊藤正義が、「これらにいう「日本紀」とは、日本書紀原典の謂ではなく、日本紀にもみえる神代上代の物語という位の曖昧な用法だともいえるのであるが、しかし、それを「日本紀」と記し、それが誤りであるにもせよ、「日本紀」だと考えた当時の理解があったのである」（「中世日本紀の輪郭―太平記におけるト部兼員説をめぐって―」『文学』四十巻十号　岩波書店　昭和四十七年）とするように、これらのほとんどは古代の記紀などからの引用ではなく、新たに創作、改変された説話であった。「中世日本紀」に関しては、阿部泰郎「日本紀と説話」（『説話の講座　第三巻　説話の場―唱導・注釈―』勉誠社　一九九三年）、伊東聡『中世天照大神信仰の研究』（法蔵館　二〇一一年）、同『神道とは何か』（中央公論社　二〇一二年）を参照のこと。

第一部

（1）古代の男子の髪型として、「みづら」が多く描かれるようになったのは、明治中期以降であり、そこには野蛮に対する文明開化の象徴としての意図が読みとれる（拙稿「つくられた神武天皇」『日本神話はいかに描かれてきたか』〔新潮社　二〇一七年〕）。ちなみに、日本での絵葉書の発行は、明治三十三

（一九〇〇）年の郵便規則改正による私製はがきの解禁をもってはじまるが、明治三十七（一九〇四）年の日露戦争を契機として、絵葉書の蒐集は一大ブームとなり、専門雑誌が刊行され、各地で絵葉書交換会という催しが開催された。

（2）古代社会において、死に関する表記は、身分や位階において区別されている。天皇に使用されるのが「崩」、「薨」は皇太子・親王や三位以上の貴族、「卒」は王や女王と四位・五位以上に使用され、それ以外のものには「死」が使用された。

（3）小島憲之・木下正俊・東野治之校注・訳『新編日本古典文学全集　萬葉集　四』（小学館　一九九六年）を元にして一部を原文のままとした。

（4）西郷信綱は、「大陸からの多くの渡来者を活用したり、または飼いならしたりすることは、古代王権確立のための欠かせぬ大事のひとつであったから、こうした忠誠譚の作り出されてくるゆえんもおのずと理解できる」（『古事記注釈』第三巻〔平凡社　一九八八年〕）とする。

（5）西郷信綱『古事記注釈』第二巻（平凡社　一九七六年）。

（6）また、雄略紀二十二年秋七月条には、水江浦嶋子が「蓬萊山《とこよのくに》に至り、仙衆《ひじりたち》に歴《めぐ》り都《み》る」とある。

（7）V・G・ネッケル、H・クーン、A・ホルツマルク、J・ヘルガソン編・谷口幸男訳『エッダ――古代北欧歌謡集』（新潮社　昭和四十八年）。

（8）太田辰夫・鳥居久靖訳『中国古典文学大系　西遊記（上）』（平凡社　昭和四十六年）。

（9）長谷川端校注・訳『新編日本古典文学全集　太平記　二』（小学館　一九九六年）。

（10）林道春著・宮地直一校註『本朝神社考』（改造社　昭和十七年）。

（11）『日本随筆大成　第二期第六巻』（日本随筆大成刊行会　昭和三年）。

（12）『徳川文藝類聚第四　怪談小説』（大正四年）の復刻版（國書刊行会　昭和四十五年）を使用。

（13）拙稿「タヂマモリの「非時の香の木実」探求譚について」（『古代研究』第17号　早稲田古代研究会一九八四年）。世界最古の神話文学とされる古代オリエントの『ギルガメシュ叙事詩』第十一の書板（矢島文夫訳『ギルガメシュ叙事詩』［ちくま学芸文庫　一九九八年］）にも、三分の二が神、三分の一が人間であるウルクの王ギルガメシュが、不死を得ようとして海に潜り、海底にある永遠の若さの植物シーブ・イッサヒル・アメル（「老人を若くする」という意味）を得るが、彼が水浴をしている間に、蛇がやってきてそれを食べてしまったという譚が載せられている。

（14）青木和夫・稲岡耕二・笹山晴生・白藤禮幸校注『新日本古典文学大系　続日本紀　二』（岩波書店一九九〇年）。

（15）木村陽二郎『図説　花と樹の事典』（柏書房　二〇〇五年）。

（16）秋本吉郎校注『日本古典文学大系　風土記』（岩波書店　昭和三十三年）。

（17）関根真隆『奈良朝食生活の研究』（吉川弘文館　昭和四十四年）。

（18）『国史大辞典』第十一巻（吉川弘文館　平成二年）「乃木希典」の項（大浜徹也執筆）。下中弥三郎編輯『神道大辞典』（臨川書店　昭和四十六年複製版。昭和十二年初版）「乃木神社」の項など。

（19）『国史大辞典』第七巻（吉川弘文館　昭和六十一年）「殉死」の項（尾藤正英執筆）。

（20）『節用集大系』第五十七巻「江戸大節用海内蔵」（大空社　平成六年）と架蔵本による。

（21）この歌句には「かくのこのみ」とあるが、書紀では「香菓」を「かくのみ」と訓むことを割り注でわざわざ指示しているので、作者は『古事記』の「（ときじくのかくの）このみ」のほうを採用していることがわかる。和歌なので、音数に縛られた結果かも知れないが、タヂマモリを書紀の表記の「田道間守」で記しているのにも拘わらず、『古事記』の語彙を採用しているということは、一般の人々が『古事記』と『日本書紀』の説話をほとんど区別していない、つまり似たようなものとして混同している状況がうかがえる。

(22) 文部省編『学制百年史』資料編（帝国地方行政学会　一九七二年）。

(23) 一方、『古事記』は新羅国主の子・天之《あめの》日《ひ》矛《ほこ》の渡来説話を、『日本書紀』のように、垂仁天皇条に記さず、その後の応神天皇条において、「また昔、新羅の国主の子ありき。名は天之日矛と謂ひき」として語るが、その渡来理由は、逃げた妻（阿加流比売神）を追ってのことで、『日本書紀』のように天皇を慕ってのことではない。

さらに、タヂマモリは、新羅国主の子・天之日矛の系譜中に載るが、系譜は書紀のようにタヂマモリで終わらず、その子孫の葛城高額比売まで続き、それが新羅征討を行った息長帯比売（神功皇后）の母であるとの註で締めくくられている（開化記の系譜にも記載がある）。よって、『古事記』の天日矛系譜の掲載は、神功皇后が新羅国主の子・天之日矛の血を引くものであり、その神功皇后が自分の先祖が治めた国を征服したという、新羅征服の正当化を図るための措置であったと思われるのであり、『日本書紀』が天日矛譚によって、渡来人の忠誠を描くのとは異なっている。近代においては、天皇家に新羅王族の血が含まれるのであるから、朝鮮半島を天皇が支配することは当然であるという、『古事記』のような古代王権の論理はあまり顧みられることはなかったとすべきだろう。

(24) 頭書編纂者　井上頼圀・小杉榲邨『伴信友補閲　倭訓栞　中』（皇典講究所　明治三十一年）。

(25)『本居宣長全集』第十一巻（筑摩書房　昭和四十四年発行）。

(26) 小野田光雄校注『神道大系　古典註釈編五　釋日本紀』（神道大系編纂会　昭和六十一年）。

(27) 村田正志・秋本吉徳・真壁俊信校注『神道大系　古典編十三　海部氏系図・八幡愚童記・新撰亀相記・高橋氏文・天書・神別記』（神道大系編纂会　平成四年）「天書」解題（真壁俊信執筆）。

(28) 佐伯有義編纂『神道叢書』（思文閣　明治三十一年発行　昭和四十六年復刻）。

年）。

（29）今尾文昭『シリーズ「遺跡を学ぶ」093　ヤマト政権の一大勢力・佐紀古墳群』（新泉社　二〇一四年）。

（30）外池昇も「現在の宝来山古墳の濠には、新羅から渡来した天日槍の子孫の田道間守の墓とされる小島があるが、『文化山陵図』はこれを「橘諸兄公ノ塚」とし、しかも「水中にて相見え申さず」とする。『文久山陵図』にはこの小島は描かれていない」（『検証　天皇陵』（山川出版社　二〇一六年））とする。

（31）橋本達雄「橘讃歌とその周辺」『大伴家持作品論攷』（塙書房　昭和六十年）。

（32）『はな橘』第十六号（明治三十七年一月五日発行）「田道間守の墓（二）　其三　墳墓」。同誌第十四号（明治三十六年十一月五日発行）にも「田道間守の墓　渓口生　其一　略伝・其二　順路」が載る。

（33）三好右京『菓子に関するパンフレット第三輯　趣味講座　菓子の話』（東京菓子研究協會　昭和九年）。

（34）『第十二回全国菓子飴業者大會　報告書（愛知縣菓子業組合連合会）』第六章。

（35）同号の「挿画解説」によれば、谷口香嶠筆であり、「香嶠は京都美術工藝学校教授にして歴史画家の泰斗たり」とある。また、第二号（明治三十四年四月発行）の巻頭には、「たちはなは實さへ花さへその葉さへ枝に霜ふれどいやときはの木」との冷泉爲紀伯書の万葉歌（巻六・一〇〇九番歌）を載せる。雑誌『はな橘』は、昭和五十四年に京菓子協同組合によって発行された復刻本（『復刻　はな橘　上（第一―五号）』・『復刻　はな橘　下（第六―十一号）』）による。

（36）谷川健一編『日本の神々　神社と聖地7　山陰』（白水社　一九八五年）「中島神社」の項（瀬戸谷晧執筆）。

（37）産経ＷＥＳＴ・ホームページ　二〇一七年四月三日。

（38）「紀州・社寺を歩く：橘本神社（海南市）」「毎日新聞」和歌山県地方版二〇〇七年八月二十一日。

(39)『菓子大祖神としての神武天皇』(帝國食品學會〈代表　三好右京〉発行　非売品)。
(40) 今井昭彦「人神信仰と戦没者慰霊の成立」『シリーズ日本人と宗教――近世から近代へ　第三巻　生と死』(春秋社　二〇一五年) 所収。
(41) 村上重良『慰霊と招魂』(岩波新書　一九七四年)。
(42) 京都市歴史資料館情報提供システム　フィールド・ミュージアム京都ホームページ「小倉餡発祥地」の項。
(43)「九州菓子新聞」第百三十七号 (昭和七年十一月二十五日) 十二面「菓祖異説に就て　田茂井君に答ふ (承前)」。
(44) 虎尾俊哉校注『神道大系　古典編十二　延喜式(下)』(神道大系編纂会　平成五年)。
(45) 虎尾俊哉校注『神道大系　古典編十一　延喜式(上)』(神道大系編纂会　平成三年)。
(46) 同右。
(47)「九州菓子新聞」第百三十七号 (昭和七年十一月二十五日) 六面「富岡氏発表の『菓祖神の考證』に就て」。
(48) 同右十面「富岡氏発表の『菓祖神の考證』に就て (続き)」。
(49) 同右。
(50)『第七回全国菓子飴大品評會　第八回全国菓子飴大品評會　事務報告書　主催岐阜菓子業組合聯合會』(岐阜市役所内第七回全国菓子飴大品評會事務所　昭和五年)。第四章　組織　第一項　會則　第一章　総則の項。以下の引用は同書による。
(51)『第拾壹回全国菓子大博覧会支那事變臨時改名全國菓子品評會　事業報告書』(大分市菓子商業組合主催　昭和十五年)。以下の引用は同書による。

(52)朝日新聞社編『目で見る昭和』上巻(元年〜二十年)(朝日新聞社　昭和四十七年)。
(53)お菓子何でも情報館(全国菓子工業組合連合会)ホームページ「お菓子の博覧会」。
(54)これについては、昭和十二年に名古屋で開催された第十二回全国菓子飴業者大会の報告書(愛知縣菓子業組合連合会)中の附帯事業「全國菓業新聞聯合會第十一回総會」に「津村氏より和歌山県海草郡加茂村橘に鎮座されておる菓祖を祭れる橘本神社が前山氏社掌就任について代つて挨拶あり、将来同社の爲に援助方を懇願され、之に對し、勝田、三好両氏、附言して同じく應援を主張され全員之を承認」とあることによって、加えられたのであろう。
(55)さらに、四月十日にも、「入口正面に奉祀せる菓祖田道間守命の神前に於て、大垣、前川の両神官に依」って、「全聯主催祖祭並ニ菓業出身戦没將士慰霊祭」が執行されている。
(56)『第十回全国菓子大博覧会誌　主催仙台菓子商組合』第四編「附帯事業」第二章「祖神祭典」第一節「遷座式」(仙台商工会議所内　第十回全国菓子大博覧会事務所　昭和十年)、国立国会図書館デジタルコレクション。
(57)昭和十五年十二月三十日発行。
(58)小島憲之・直木孝次郎・西宮一民・蔵中進・毛利正守校注・訳『新編日本古典文学全集　日本書紀①』二一四頁頭注一(小学館　一九九四年)。
(59)(39)と同。
(60)岡田精司「前近代の皇室祖先祭祀—「陵墓」と御黒戸祭祀—」日本史研究会・京都民科歴史部会編『「陵墓」からみた日本史』(青木書店　一九九五年)。
(61)戦後、昭和二十七(一九五二)年、横浜フライヤージムにおいて第十二回全国菓子大博覧会が復活開催された。昭和二十九(一九五四)年に京都市岡崎勧業館において開催された第十三回全国菓子大博覧会の記念誌には、菓祖神祭と中島神社宮司写真が掲載され、博覧会日誌の四月十二日条に、開会に際して、「玄関正面に設けられた祭壇にて菓祖神祭典が行われ、平安雅楽会による雅楽の調べの裡に、修祓、祝詞の奏上、今西政造会長以下各役員の玉串奉奠、礼拝が行われ、会期中の安全無事と業界の発展を心から祈念、厳かに祭典を終えた」とある（『第十三回全国菓子大博覧会記念誌』〔京都菓子協会発行　昭和二十九年〕）。『第十四回全国菓子大博覧会記念誌』（長崎県菓子業協同組合連合会発行　昭和三十二年）にも菓祖神祭の写真が載る（長崎県長崎市駒場町で開催）。

（62）「元和古活字那波道圓本」『諸本集成　倭名類聚抄〔本文編〕』（臨川書店　昭和四十三年）巻十七菓類第二百二十一「菓蓏《ら》」の項。

（63）諸橋轍次『大漢和辞典』（大修館書店　昭和六十年二月修訂版）巻六の「果」の項も、「くだもの。きのみ。菓の本字」とし、巻九「菓」の項に「このみ。くだもの。果実。果に同じ」とする。

（64）土井忠生・森田武・長南実編訳『邦訳　日葡辞書』（岩波書店　一九八〇年）。

（65）橘右近・近述『菓子考』（大正九年発行　著作者・発行者高濱元茂　発行所　藤澤萬花堂）の復刻版（『菓子文庫　八号』和菓子文化研究同人「むかご会」　昭和四十六年）を使用。

［附記］（32）・（33）・（35）・（39）・（43）・（47）〜（51）・（57）・（61）・（65）の資料は、大阪府大阪市上本町にある「ケンショク『食』資料室」の吉積二三男氏より提供頂いた。また、本書収載の図1－5から図1－9の図像も許可を頂いて掲載した。記して謝する次第である。

第二部

（1）森浩一・門脇禎二編『ヤマトタケル　尾張・美濃と英雄伝説』（大巧社　一九九五年）。

（2）国立国会図書館デジタルコレクションの『大日本史略図會』には、安達吟行画、出版元は大黒屋、出版は明治三十一年三月との書誌情報が載り、「神武天皇日向の高千穂峰に登り東夷征伐を議し給ふ」から、「宇治川に於て佐々木高綱梶原景季互ひに先登を争そふ」までの五十図で構成されている。著者蔵のものは、「安達吟行画」、「御届明治十八年十二月八日」、「編輯画工兼出版人日本橋區通一丁目十九番地大倉孫兵衛」と欄外に記されている。

（3）「尊」・「命」はどちらも「ミコト」と訓み、現在の「様」などと同様敬称であるが、『古事記』がミコトをすべて「命」と記しているのに対して、『日本書紀』は、「至貴《しき》を尊《そん》と曰《い》ひ、自余《じょ》を命《めい》と曰ふ。並《ならび》に美挙等《みこと》と曰ふ。下皆此《しもみなこれ》に倣《なら》へ」とミコトに等級をつけ、「尊」を「命」の上位に設定する。

ヤマトタケルは単なる天皇の皇子であるが、『日本書紀』の出生記事においても、「后《きさき》、二男を生みたまふ。第一を大碓皇子《おほうすのみこ》と曰《まを》し、第二を小碓尊《をうすのみこと》と曰す。……是の小碓尊、亦《また》の名は日本《やまと》童男《をぐな》。亦は日本武尊《やまとたけるのみこと》と曰《まを》す」と、「尊」を記して表記上もはじめから他の兄弟とは別格の扱いになっている。さらに、その死に際しては、記・紀ともに「崩」という天皇に準じた表記がなされている。

（4）なぜ碓を皇子の名としたかは分明ではないが、『日本古典文学大系　日本書紀』の註は、「飯田武郷は栗田寛の説として、伊豆三宅島では産婦が臼にとりつき産する風習があることを参考に挙げたが、中山太郎は、栃木県足利郡において、難産のとき妊婦の夫が臼を背負って家の囲りを廻る習俗や、日高アイヌでは、お産が重いと臼に産婦が腹を押しあてる習俗、愛知県南設楽郡千郷村地方では、他家に嫁して子どもができた娘が初めて生家に帰ったとき、まずその子を臼の中に入れる習俗をあげ、出産と臼が密接な関連をもっていることを論じた。金関丈夫は難産のとき夫が臼を背負って家を廻る習俗を重要視し、景行天皇も臼を背負って家を廻ったが、一人生れたがまだ終わらず、二人生まれるまで、重い臼を背負っていなければならなかったので、天皇思わず臼にコン畜生と宣うたのだと解釈している」と述べている。夫も重い臼を持つという苦痛によって、出産時の妻の苦痛を共有し、それを軽減しようという呪術的な行為から出た名称ということだろう。

（5）中村孝也監修、小堀鞆音・尾竹竹坡・尾竹國観監修並畫『尋常小學國史繪圖』昭和三年、東京　學習社。

（6）三品彰英『新羅花郎の研究』（平凡社　昭和四十九年）。

（7）宮治昭訳『エリアーデ著作集6　悪魔と両性具有』（せりか書房　一九七三年）。

（8）拙稿「『古事記』中巻ヤマトタケル（小碓）命西征譚試論」『国文学研究』第百三十集（早稲田大学国文学会　平成十二年）を参照のこと。

（9）塙保己一編纂『群書類従・第二輯　神祇部』（昭和三十四年訂正三版発行　續群書類従完成會）。また文化八（一八一一）年発行の『参考熱田大神縁起』（序に明和六（一七六九）年・伊藤信民識、続いて「熱田縁起序」に文化辛未年・秦鼎謹識とある）にも、ほぼ同文が載る。

（10）岩橋小弥太『日本の国号』（吉川弘文館　昭和四十五年）。

（11）和田清・石原道博編訳『旧唐書倭国日本伝　宋史日本伝・元史日本伝』（岩波文庫　昭和三十一年）。

（12）神野志隆光『「日本」とは何か』（講談社現代新書　二〇〇五年）。

（13）注（12）と同。

（14）黒川眞道編輯『黒川眞頼全集　第四　歴史編　風俗編』（國書刊行會　明治四十三年）。

（15）勉誠社（昭和五十六年）発行の影印本を使用。

（16）臨川書店（昭和四十四年）発行の影印本を使用。

（17）『新訂増補國史大系　日本書紀私記』（吉川弘文館　平成十一年）。

（18）中村啓信『信西日本紀鈔とその研究』（高科書店　一九九〇年）所収の影印本を使用。

(19) 佐伯は景行紀巻頭の「日本武尊」の「日本武」の右に「ヤマトタケルノ」、左に「ヤマトタケルノ」と附訓するが、クマソタケルから献じられた名の「日本武皇子」に「ヤマトタケノミコト」とのみ附しており、最終的に宣長説を採用したということがわかる。敷田年治『日本紀標注』(小林林之助発行　明治二十四年)も、「日本武皇子、伴《ノ》信友云《フ》、川上梟帥《タケル》に対《むかへ》て、日本武《ヤマトタケル》と訓べしと、按に此の説よろしく聞えつれど、日本紀竟宴歌に、也末度多介《ヤマトタケ》……とあれば、従ひがたし」と、信友の提唱する「ヤマトタケル」の訓みをとらない。

(20)「比古婆衣」三の巻『伴信友全集』第四巻(國書刊行會　明治四十年)。

(21) 中村啓信「ヤマトタケと訓むべき論」『古事記の本性』(おうふう　平成十二年)。尚、西宮一民著『古事記の研究』(おうふう　平成五年)、小野諒巳『倭建命物語論』(花鳥社　二〇一九年二月)も参照のこと。

(22) ちなみに同書の「やまと」の項をみてみると、「やまとだましひ」とはあるが、ヤマトタケ(ル)は載せられていない。

(23) 中村孝也監修、小堀鞆音・尾竹竹坡・尾竹國觀監修並畫『尋常小學國史繪圖』上巻(東京　學習社　昭和三年)。同書の解説には、「場所は駿河国焼津の附近」とあるので、『日本書紀』を念頭においていることがわかる(『古事記』は相模国のこととする)。また、「その時の、御装《おんよそほひ》は髪はみづら。曲玉《まがたま》を御頸《おんくび》にかけられ、御《み》足《あし》に毛《け》沓《ぐつ》をはいてをられる」とあるが、原典の記・紀には、そのような記述はみられない。

(24) 菊地勝之助・中山栄作『高等小學國史附圖　上巻』(立川文明堂　大正十四年)「第四　皇威の振興」。

(25)『古事記』では、焼津の火難を「相武国」(神奈川県)のこととして語る。現在、我々が思い浮かべる焼津という地名は、『日本書紀』のように、「駿河国」(静岡県)に存する。次条の走水《はしりみづ》の海(浦賀水道)

で、オトタチバナヒメがヤマトタケルの身代わりに入水する際に詠じた歌に、「さねさし　相武《さがむ》の小野《をの》に燃《も》ゆる火の　火中《ほなか》に立ちて　問ひし君はも」（相模の野に燃えている火の中に立って、私の安否を尋ねてくださった君よ）とあることから、それにひかれて相模《さがみ》としたとする説もあるが（西郷信綱『古事記注釈』第三巻（平凡社　一九八八年）、記・紀共にヤマトタケル説話において、オトタチバナヒメはこの入水条に、突然、后として出現するだけであり（後掲のヤマトタケルの子孫を記した系譜には記されてはいるが）、『古事記』そして『日本書紀』ももちろん、焼津の火難説話には、オトタチバナヒメは登場していない。

(26) 西郷信綱著『古事記注釈』第一巻（平凡社　一九七五年）。

(27)『日本古典文学大系　日本書紀　（上）』（岩波書店　一九六七年）補注1-九六。

(28) 山縣悌三郎『帝国小史（甲号）』巻之一。

(29) 火打ち石を記さず、草薙剣のみを記すものに、福羽美静・重野安繹校閲、伊地知貞馨編輯『小學日本史略　上』（石川治兵衛発兌　明治十二年）、藤本眞編述・依田百川校正『新撰小學歴史　巻上』（阪上半七発行　明治二十年）、天野為之編『日本小歴史　初歩　上巻』（冨山房書店　明治二十五年）、文部省著作『尋常小學國史　上巻』（大正九年翻刻発行）があり、他にも多数の書物にみられる。

(30) 他に、みみずく、犬張子、うさぎ、春駒、富士山、獅子舞なども挙げられている（小林香那子「浮世絵と庶民信仰」『論究日本文学』第一〇九号（立命館大学日本文学会　二〇一八年））。また、川部裕幸「疱瘡絵の文献的研究」『日本研究（国際日本文化研究センター紀要）』第二十一集（平成十二年）。石垣絵美「疱瘡絵の画題と疱瘡除け」『國學院雑誌』第一一八巻第七号（平成二十九年）も参照のこと。

(31) 島津久基編・市古貞次校訂『續お伽草紙』（岩波文庫　昭和三十一年）。

(32) 学習院大学資料館編『絵葉書で読み解く大正時代』（彩流社　二〇一二年）。

（33）拙稿『日本神話はいかに描かれてきたか』（新潮社　二〇一七年）。
（34）秋本吉郎校注『日本古典文学大系　風土記』（岩波書店　昭和三十三年）「逸文　備後国　蘇民将来」条。
（35）小野田光雄校注『神道大系　古典註釈編五　釋日本紀』（神道大系編纂会　昭和六十一年）巻第七「素戔嗚尊乞宿於衆神」条。
（36）近松全集刊行会編纂『近松全集』第十巻（岩波書店　一九八九年）。
（37）根岸美佳「手形を取るスサノヲと異形の者たち—イメージの源流—」『北斎研究』五十七号（東京北斎会　二〇一六年）。奉納された絵馬は、大正十二（一九二三）年の関東大震災で焼失したが、二〇一六年、墨田区により北斎を顕彰する目的で開設された「すみだ北斎美術館」が開館する際に、復元調査が実施され、該美術館に複製画が展示された。
（38）一九九四（平成六）年七月に公開された特撮映画「ヤマトタケル」（監督・大河原孝夫、特技監督・川北紘一、脚本・三村渉　東宝）には、エピソードとしてヤマトタケルがヤマタノヲロチを退治するというストーリーが展開されていた。ヤマタノヲロチを退治するのは記紀神話中のスサノヲ神であるのはいうまでもないが、ヤマトタケルの使用する草薙の剣が、ヤマタノヲロチの尾中から発見されたものであることから連想して、その発見者を、スサノヲ神を経由せず、はじめからヤマトタケルに帰することによって、スサノヲ神のヤマタノヲロチ退治説話をヤマトタケル説話に組み込んでいると考えられよう。ここでも、ヤマトタケルとスサノヲ神は、交代可能な、結びつきやすい近しいものと考えられて、このようなストーリー展開がつくられているのだろう。
（39）兼六園全史編纂委員会・石川県公園事務所『兼六園全史』（兼六園観光協会　昭和五十一年）。『兼六園「明治紀念標」修理工事報告書』（石川県兼六園管理事務所　平成五年）。

(40)(39)の『兼六園全史』。
(41)本康宏史『軍都の慰霊空間―国民統合と戦死者たち―』(吉川弘文館　二〇〇二年)。
(42)(41)と同。
(43)(41)と同。
(44)(41)と同。
(45)森田平次著・日置謙校『金沢古蹟志』第四編巻九　明治紀念標の項(金沢文化協会出版　昭和八年)。
(46)(39)の『兼六園全史』。
(47)早稲田大学古典籍総合データベース『日本国名風土記　下』。巻末に「寛文五乙巳孟春吉日　御幸町通誓願寺前下ル町　西脇七良右衛門板行」と記す。
(48)『続日本紀』和銅六年五月甲子(二日)条には、「畿内《きない》と七道《しちだう》との諸国《くにぐに》の郡《こほり》・郷《さと》の名《な》は、好《よ》き字《じ》を着《つ》けしむ。その郡《こほり》の内《うち》に生《な》れる、銀《しろかね》・銅《あかがね》・彩色《さいしき》・草《くさ》・木《き》・禽《とり》・獣《けだもの》・魚《うを》・虫《むし》等の物《もの》は、具《つぶさ》に色目《しきもく》を録《しる》し、土《と》地《ち》の沃塉《よくせき》、山川原野《さんせんげんや》の名号《みやうがう》の所由《しよいう》、また、古老《こらう》の相伝《あひつた》ふる旧聞《きうぶん》・異事《いじ》は、史籍《しせき》に載《しる》して言上《ごんじやう》せしむ」(青木和夫・稲岡耕二・笹山晴生・白藤禮幸校注『続日本紀　一』(岩波書店　一九八九年))とある。
(49)秋本吉郎校注『日本古典文学大系　風土記』(岩波書店　昭和三十三年)。
(50)(47)と同。
(51)『国史大辞典　第三巻』(吉川弘文館　昭和五十八年)「かがのくに」の項。若林喜三郎・高澤裕一『日本歴史地名大系　第十七巻　石川県の地名』(平凡社　一九九一年)「河北郡[古代]」の項。
(52)(47)の『日本国名風土記　下』。池田末則・鏡味明克・江端真樹子編『地名研究資料集』(クレス出版　二〇〇三年)所収の「国名風土記　下巻」(巻末に「寛文五乙巳孟春吉日　御幸町通誓願寺前下ル

町　西脇七郎右衛門板行　宝暦四甲戌年潤二月四日寫終　仙石為直」とある）にも「大雄皇子」とあり、「ヲフエノワウシ」との訓みを記す。また、塙保己一（原）・太田藤四郎（補）編纂『續群書類従　第三十三輯上』（續群書類従完成会　昭和二年発行、昭和三十三年訂正三版発行）所収の「日本得名　又國名風土記」（巻末に「以異本今往々訂正之梓者也。寛永五戊子年九月吉旦　中村孫兵衛蔵版　以宮内省圖書寮本謄寫校合畢」とある）には、「大碓皇子」とあるが、これは「大雄」が記・紀原典に沿って「大碓」と改訂されたのであろう。

（53）木下直之監修『東京の銅像を歩く』（祥伝社　二〇一一年）。

（54）（39）の『兼六園全史』。日置謙識『石川県史　第四編』（昭和六年）には、「越中高岡の工人藤田治三郎等をして鋳造せしめたる日本武尊の銅像」とある。

（55）（39）の『兼六園全史』他。

（56）八田健一「金仏さんと陰陽石」『郷土シリーズ　百万石太平記』（石川県図書館協会　昭和三十九年）。

（57）（45）と同。

（58）（54）の『石川県史　第四編』

（59）『兼六園「明治紀念標」修理工事報告書』（石川県兼六園管理事務所　平成五年）。木下直之著『世の途中から隠されていること』（晶文社　二〇〇二年）は、「ヤマトタケルは『公園の金仏さん』と呼ばれて、長く親しまれた。それが仏像を思わせるのは、製作者の技術と感覚に引きずられた事情もあるけれど、それ以上に、この記念碑が民族の慰霊の形式で受けとめられたことを物語っている」とする。

（60）春日井市・民族考古調査室作製「ヤマトタケル関係神社一覧」森浩一・門脇禎二編『ヤマトタケル　尾張・美濃と英雄伝説』（大巧社　一九九五年）所収。同書には、大鳥神社（東京都三［含　鷲《おおとり》神社］、大阪府一)、大鷲神社(千葉県)、大鷹神社(山形県)、白鷺神社(栃木県)など「鳥」に関連した名称の神社もみられる。

(61) 荻原眞子「鳥と霊魂―シベリアの生と死の民族誌から―」(SCIENCE OF HUMANITY BENSEI「人文学と情報処理」三十五号。勉誠出版　二〇〇一年)。

(62) J.P.マードック著・土屋光司訳『世界の原始民族』(聖紀書房　昭和十八年)。

(63) 福島秋穂「古代の心」『記紀神話伝説の研究』(六興出版　一九八九年)所収。

おわりに

(1) 国立国語研究所編『国立国語研究所　国語辞典編纂資料一　国定読本用語総覧　一　第一期　あ〜ん』(三省堂　一九八六年)。

(2) 国立国語研究所編『国立国語研究所　国語辞典編纂資料十二　国定読本用語総覧　十二　総集編』(三省堂　一九九七年)第一期〜第六期全用語頻度表。また、「日本武皇子」という表記もあり、それも、第一期・第二期にはなく、第三期・第四期・第五期に一例と、やはり時代が降ると出現しており、同様の傾向を示すといえる。

※本文中の引用については、読みやすさを考慮し、適宜正字を新字に改め、句読点、濁点、ルビを附し、改行した。また明らかな誤字・脱字は改めた。

※『古事記』・『日本書紀』の引用については下記の文献を参照して適宜改めた。

・倉野憲司校注『古事記』(岩波文庫　一九六三年)。

・西宮一民編『古事記　新訂版』(桜楓社　一九八六年)。

・山口佳紀・神野志隆光校注・訳『新編日本古典文学全集　古事記』（小学館　一九九七年）。
・中村啓信訳注『新版　古事記』（角川ソフィア文庫　二〇〇九年）。
・坂本太郎・家永三郎・井上光貞・大野晋校注『日本古典文学大系　日本書紀』（岩波書店　一九六七年）。
・小島憲之・直木孝次郎・西宮一民・蔵中進・毛利正守校注・訳『新編日本古典文学全集　日本書紀』（小学館　一九九四年）。
・掲載図版は、特記したもの以外は著者蔵。

あとがき

今回、日本三名園と称される金沢の兼六園に設置された、日本最初の銅像ヤマトタケルについて取り上げようと思い（第二部第四章）、兼六園自体にも範囲を広げて、いろいろ調べている過程で、興味深い史料をみつけたので報告しておきたい。

次頁の図は右上に「兼六園案内圖」と題した一枚刷のチラシである。左下には、「御料理　九谷焼　出世茶屋　清水亭　清水與作　金沢市兼六園　乙十号　電話②四九六三番」とあり、「兼六園御来訪の節は前以て御一報頂けば金沢駅まで御出迎えいたします」などと口上が印刷されているので、兼六園内の茶屋の広告として作成され配布されたものであろう。

その案内図の中の「明治紀念ノ標」つまりヤマトタケル像の右下に「せきれい島」と表記されている島が描かれている。他にも「昭和二十七年四月印刷　石川県」とある「大正十一年名勝ニ指定　兼六園之図　縮尺千八百分ノ一」と題する図にも、「明治紀念之標」

の右下に「鶺鴒島」が載っていた（そこでネットで検索すると、いくつかのホームページで紹介がなされており、現在でも鶺鴒島は健在であった）。

日本神話には、世界がはじまって神々が生じ、そこに男女の神イザナキ・イザナミが生まれて、日本の国土（淡路島や四国や九州、本州などの島々）と神々を生みなしていく譚がある。

その中で、『日本書紀』神代巻・第四段の五つめの一書（別伝）には、イザナキ男神・イザナミ女神が交合の方法を知らず、そこにセキレイ（鶺鴒）が飛んできて、そのセキレ

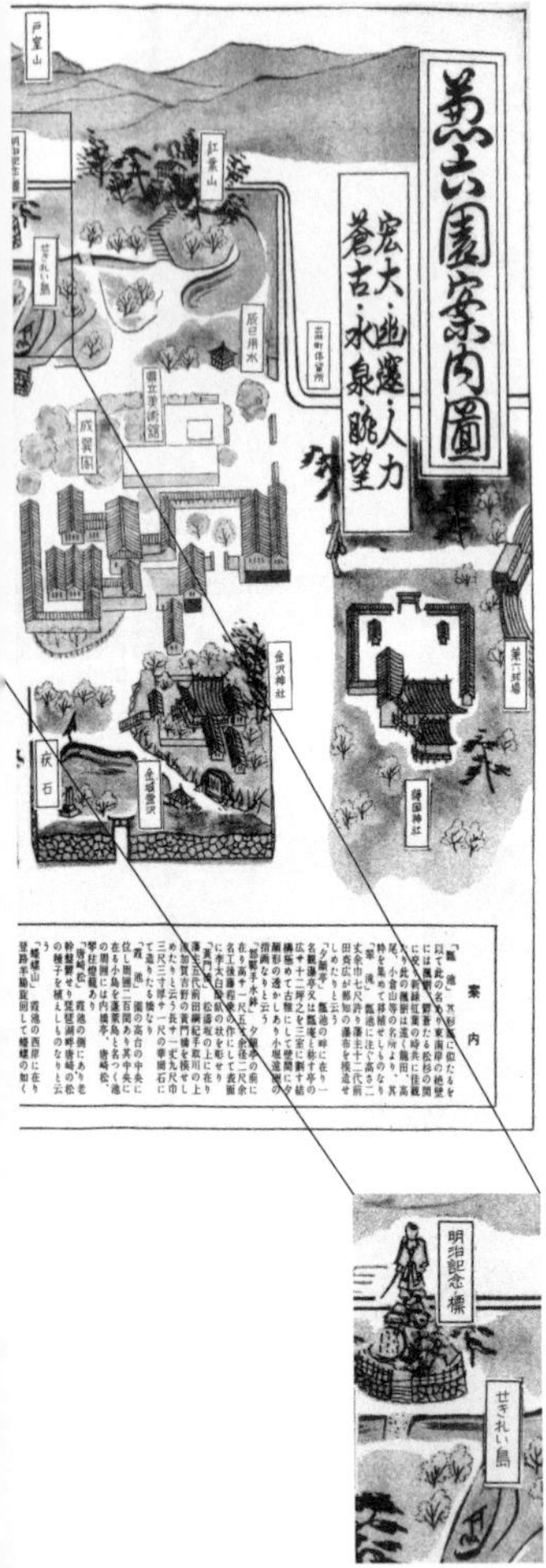

河北潟
能登半島
末森山
卯辰山
医王山
鏡花碑
秋声碑
金沢城址
福寿山
千歳台
虹橋
虎石
唐崎松
雁行橋
出世茶屋
地蔵堂
蓬莱島
乙葉松
大桜松
霞ヶ池
内橋亭
栄螺山
清水亭
時雨亭趾
獅子岩
黄門橋
夕顔亭
翠滝
海石塔
瓢池
県立図書館
児童園
兼六会館
根上り松
御料理
九谷焼
出世茶屋
清水亭
清水輿作
金沢市兼六園ノ十号
電話 ② 四九六 三番
兼六園御来遊の節は前以て御一報頂けば金沢駅迄御出迎えいたします
兼六園内御案内は親切に御説明申上げます
御食事はお好み次第精々御勉強調製いたします
お土産品は九谷焼を始め各種国産美術品を取揃えて御座います
御座敷は無料開放いたします

兼六園案内図

イが頭と尾を振り動かす動作を見てそのやりかた「術《すべ》」を知ったという伝承を記す。動物により、人間がはじめて交合の方法を知る説話は各地に数多くあるが（これについては前著で考察した）、今回、ヤマトタケルを調べているうちに、その周辺に、またセキレイを発見する次第となった。

図の案内図には、「鶺鴒嶋　一名夫婦島」との説明があるので、この鶺鴒がイザナキ・イザナミに交合の方法を教えたことに由来するものであることは確かだろう。

兼六園は前田家ゆかりの大名庭園だが、大名庭園は、庭園の池に島を築いて永劫の繁栄を祈る意味を有する神仙島を型取るのが特色であるという（『兼六園全史』）。よって、この池中の島も、明治十三（一八八〇）年のヤマトタケルの銅像作製時以前から存在していた事は確かである。

そうすると、ヤマトタケル銅像の設置場所が現在の位置に決定したのは、すでに『日本書紀』ゆかりの鶺鴒の島が存在していたことにより、その近辺に、やはり記・紀に載せられたヤマトタケルの像をまとめて設置することにしたとは考えられないだろうか。

先述した郷土史家八田健一が、「兼六園に鶺鴒島のあることは周知のとおりだが、この由来については何らの記録も伝承もない。曲水に囲まれた十五坪ほどの島に三社と額をうった石の鳥居はあるけれど社殿もなく、その少し斜め奥の方に陰陽石が胸を張って立っている。……日本武尊像が公園の風致上からしばしば問題となったのにかかわらず、この島にある陰陽石の風紀について今まで一人の発言者も出ないのにおかしな話し《ママ》であるまいか。ただし、筆者はこの石をどうしろこうしろというものでないことを断っておく」（『百万石太平記』）とするように、そこには陰陽石というものが設置されているようである（公園の風致上から問題となったというのは、江戸時代の大名庭園に、明治時代の明治紀念標「ヤマトタケル像」があることの是非が問われてきたということである）。

　そして、「江戸時代も時代が降るにつれて、神仙島の永劫の表象たる鶴亀を象った思想がさらに変化して、鶴を陽とし、亀を陰とする陰陽和合の姿となり、やがて、陰陽石を庭中に据えて喜ぶという気風が発生してくる。小石川後楽園、岡山後楽園、高松栗林公園などの大名庭園にはいまもなお、庭園のすこぶる目立った位置に陰陽石を並べて据えている。この陰陽石とは、自然石でもって、男性と女性の身体の表象に極く似かよった石を探してきて据えたものである」という（『兼六園全史』）。

　そうすると、男女の営みの象徴としての陰陽石が島に設置されたことから、『日本書紀』一書の伝承が想起され、イザナキ・イザナミ神に交合の方法を伝授したセキレイの名が島に冠されたと考えることができるだろう。

後考を俟ちたいが、それにしても、『日本書紀』に載る説話に由来するものが、広大な大名庭園の一角にまとまって存在することは、偶然とは思えないのだが、如何なものであろうか。

＊　＊

本書に引用させていただいた方々、いつも多くのご教示をいただいている皆様に御礼を申し上げます。

数年前、前著が出版された直後に、今度は図像に限定せず、近代における古代説話の変容を取り上げて書いてみませんかとの熱い慫慂のお手紙をいただき、東京駅・丸の内口の丸善内の喫茶店でお会いして、私のまだ茫洋とした話を辛抱強く聞いていただき、その後は出版まで導いていただいた、ちくま新書編集部の橋本陽介氏には深く感謝いたします。

そして最後に、恩師福島秋穂先生、盛岡に住む両親と弟、妻の貴美子と息子の朔矢に感謝の気持ちを捧げたいと思います。

令和二年三月吉日

及川智早

ちくま新書
1486

変貌《へんぼう》する古事記《こじき》・日本書紀《にほんしょき》
——いかに読《よ》まれ、語《かた》られたのか

二〇二〇年四月一〇日　第一刷発行

著　者　及川智早（おいかわ・ちはや）

発行者　喜入冬子

発行所　株式会社　筑摩書房
東京都台東区蔵前二-五-三　郵便番号一一一-八七五五
電話番号〇三-五六八七-二六〇一（代表）

装幀者　間村俊一

印刷・製本　株式会社　精興社

本書をコピー、スキャニング等の方法により無許諾で複製することは、法令に規定された場合を除いて禁止されています。請負業者等の第三者によるデジタル化は一切認められていませんので、ご注意ください。

乱丁・落丁本の場合は、送料小社負担でお取り替えいたします。

© OIKAWA Chihaya 2020　Printed in Japan

ISBN978-4-480-07288-7 C0221

ちくま新書

599 **高校生のための古文キーワード100** 鈴木日出男

暗記はやめる！ 源氏物語注釈・枕草子注釈、古語辞典編著を経て、国文学界の第一人者が書き下ろす、読んで身につく古文単語。コラム〈読解の知恵〉も必読。

661 **「奥の細道」をよむ** 長谷川櫂

流転してやまない人の世の苦しみ。それをどう受け容れるのか。芭蕉は旅にその答えを見出した。芭蕉が得た大いなる境涯とは——。全行程を追体験しながら読み解く。

876 **古事記を読みなおす** 三浦佑之

日本書紀には存在しない出雲神話がなぜ古事記では語られるのか？ 序文のいう編纂の経緯は真実か？ この歴史書の謎を解きあかし、神話や伝承の古層を掘りおこす。

1073 **精選 漢詩集** ——生きる喜びの歌 下定雅弘

陶淵明、杜甫、李白、白居易、蘇軾。この五人を中心に、深い感銘を与える詩篇を厳選して紹介。漢詩に結実する東洋の知性と美を総覧する決定的なアンソロジー！

1192 **神話で読みとく古代日本** ——古事記・日本書紀・風土記 松本直樹

古事記、日本書紀、風土記という〈神話〉を丁寧に読みとくと、古代日本の国家の実像が見えてくる。精神史上の「日本」誕生を解明する、知的興奮に満ちた一冊。

1187 **鴨長明** ——自由のこころ 鈴木貞美

『方丈記』で知られる鴨長明には謎が多い。彼の生涯を仏教や和歌の側面から解釈しなおし、真の自由ともいえる、その世界観が形成された過程を追っていく。

371 **大学受験のための小説講義** 石原千秋

「大学入試センター試験」に必ず出る小説問題。これを解くには学校では教えてくれない技術が必要だ！ 国公立二次試験にもバッチリ使える教養としての小説入門。

ちくま新書

085
日本人はなぜ無宗教なのか
阿満利麿
日本人には神仏とともに生きた長い伝統がある。それなのになぜ現代人は無宗教を標榜し、特定宗派を怖れるのだろうか？　あらためて宗教の意味を問いなおす。

445
禅的生活
玄侑宗久
禅とは自由な精神だ！　禅語の数々を紹介しながら、言葉では届かない禅的思考の境地へ誘う。窮屈な日常に変化をもたらし、のびやかな自分に出会う禅入門の一冊。

936
神も仏も大好きな日本人
島田裕巳
日本人はなぜ、無宗教と思いこんでいるのか？　神道と仏教がどのように融合し、分離されたか、その歴史をたどることで、日本人の隠された宗教観をあぶり出す。

1081
空海の思想
竹内信夫
「密教」の中国伝播という仏教の激動期に入唐した空海は何を得たのだろうか。中世的「弘法大師」信仰を解体し、空海の言葉に込められた「いのちの思想」に迫る。

1145
ほんとうの法華経
橋爪大三郎
植木雅俊
仏教最高の教典・法華経が、サンスクリット原典から全面改訳された。植木雅俊によるその画期的な翻訳の秘密に橋爪大三郎が迫り、ブッダ本来の教えを解き明かす。

1201
入門　近代仏教思想
碧海寿広
近代日本の思想は、西洋哲学と仏教の出会いの中に生まれた。井上円了、清沢満之、近角常観、暁烏敏、倉田百三らの思考を掘り起こし、その深く広い影響を解明する。

1326
仏教論争
――「縁起」から本質を問う
宮崎哲弥
和辻哲郎や三枝充悳など、名だたる知識人、仏教学者が繰り広げた、縁起をめぐる戦前・戦後の論争。犀利な分析を通して、その根本を浮かび上がらせた渾身作！

ちくま新書

1096 幕末史　佐々木克
日本が大きく揺らいだ激動の幕末。そのとき何が起き、何が変わったのか。黒船来航から明治維新まで、日本の生まれ変わる軌跡をダイナミックに一望する決定版。

1101 吉田松陰 ――「日本」を発見した思想家　桐原健真
2015年大河ドラマに登場する吉田松陰。維新の精神的支柱でありながら、これまで紹介されてこなかった思想家としての側面に初めて迫る、画期的入門書。

1144 地図から読む江戸時代　上杉和央
空間をどう認識するかは時代によって異なる。その違いを象徴するのが「地図」だ。古地図を読み解き、日本の形を作った時代精神を探る歴史地理学の書。図版資料満載。

1198 天文学者たちの江戸時代 ――暦・宇宙観の大転換　嘉数次人
日本独自の暦を初めて作った渋川春海を嚆矢とする「江戸の天文学者」たち。先行する海外の知と格闘し、暦・宇宙の研究に情熱を燃やした彼らの思索をたどる。

1219 江戸の都市力 ――地形と経済で読みとく　鈴木浩三
天下普請、参勤交代、水運網整備、地理的利点、統治システム、所得の再分配……地形と経済の観点を中心として、未曾有の大都市に発展した江戸の秘密を探る！

1210 日本震災史 ――復旧から復興への歩み　北原糸子
度重なる震災は日本社会をいかに作り替えてきたのか。有史以来、明治までの震災の復旧・復興の事例に焦点を当て、史料からこの国の災害対策の歩みを明らかにする。

1290 流罪の日本史　渡邊大門
地位も名誉も財産も剝奪された罪人は、縁もゆかりもない遠隔地でどのように生き延びたのか。彼らの罪とは。事件の背後にあった、闘争と策謀の壮絶なドラマとは。

ちくま新書

948
日本近代史
坂野潤治

この国が革命に成功し、わずか数十年でめざましい近代化を実現しながら、やがて崩壊へと突き進まざるをえなかったのはなぜか。激動の八〇年を通観し、捉えなおす。

983
昭和戦前期の政党政治
――二大政党制はなぜ挫折したのか
筒井清忠

政友会・民政党の二大政党制はなぜ自壊したのか。軍部台頭の真の原因を探りつつ、大衆政治・劇場型政治が誕生した戦前期に、現代二大政党制の混迷の原型を探る。

1002
理想だらけの戦時下日本
井上寿一

格差・右傾化・政治不信……戦時下の社会は現代に重なる。その時、日本人は何を考え、何を望んでいたのか？体制側と国民側、両面織り交ぜながら真実を描く。

1132
大東亜戦争　敗北の本質
杉之尾宜生

なぜ日本は戦争に敗れたのか。情報・対情報・兵站の軽視、戦略や科学的思考の欠如、組織の制度疲労――多くの敗因を検討し、その奥に潜む失敗の本質を暴き出す。

1475
歴史人口学事始め
――記録と記憶の九〇年
速水融

2019年に逝去した歴史人口学の泰斗・速水融の遺著。欧州で歴史人口学と出会い、日本近世経済史の知られざる姿を明らかにした碩学が激動の時代を振り返る。

1184
昭和史
古川隆久

日本はなぜ戦争に突き進んだのか。私たちは、何を失い、何を手にしたのか。開戦から敗戦、復興、そして高度成長へと至る激動の64年間を、第一人者が一望する決定版！

1136
昭和史講義
――最新研究で見る戦争への道
筒井清忠編

なぜ昭和の日本は戦争へと向かったのか。複雑きわまる戦前期を正確に理解すべく、俗説を排して信頼できる史料に依拠。第一線の歴史家たちによる最新の研究成果。

ちくま新書

601 法隆寺の謎を解く　武澤秀一

世界最古の木造建築物として有名な法隆寺は、創建・再建の動機を始め多くの謎に包まれている。その構造から古代史を読みとく、空間の出来事による「日本」発見。

713 縄文の思考　小林達雄

土器や土偶のデザイン、環状列石などの記念物は、縄文人の豊かな精神世界を語って余りある。著者自身の半世紀近い実証研究にもとづく、縄文考古学の到達点。

734 寺社勢力の中世——無縁・有縁・移民　伊藤正敏

最先端の技術、軍事力、経済力を持ちながら、同時に、国家の論理、有縁の絆を断ち切る中世の「無縁」所。第一次史料を駆使し、中世日本を生々しく再現する。

859 倭人伝を読みなおす　森浩一

開けた都市、文字の使用、大陸の情勢に機敏に反応する外交。——古代史の一級資料「倭人伝」を正確に読みとき、当時の活気あふれる倭の姿を浮き彫りにする。

1207 古墳の古代史——東アジアのなかの日本　森下章司

社会変化の「渦」の中から支配者が出現した、古墳時代の中国・朝鮮・倭。一体何が起こったのか。日本と他地域の共通点と、明白な違いとは。最新考古学から考える。

1300 古代史講義——邪馬台国から平安時代まで　佐藤信編

古代史研究の最新成果と動向を一般読者にわかりやすく伝えるべく15人の専門家の知を結集。列島史の全体像が1冊でつかめる最良の入門書。参考文献ガイドも充実。

1369 武士の起源を解きあかす——混血する古代、創発される中世　桃崎有一郎

武士はどこでどうやって誕生したのか。日本を長期間統治した彼らのはじまりは「諸説ある」として不明とされていた。古代と中世をまたぎ、日本史最大級の謎に挑む。